FOOD *for* Athlete Kids

アスリートキッズの未来ごはん

浮田 浩明

旭屋出版

食べることがアスリートの基礎をつくる。
だから、子どもたちの未来のためのごはんを私なりに考えてみました。

「うちの子どもはご飯をあまり積極的に食べない」…最近そんな悩みを知り合いのお父さん・お母さん方から耳にすることがよくあります。お腹がすいてもゲームに夢中だったり、TVや他のことに気が散ってしまったり。自分の小さいころを思い出してみても、どちらかというとご飯やおやつの時間を心待ちにしていたタイプだったので、その理由はなぜなのか？ ずっと疑問に思っていました。

最近は学校から帰ると、習い事や塾に直行という子どもたちが多いと思います。たとえそれが子どもたちの大好きなサッカーだったり、ピアノだったり、将来の受験に必要な勉強だったりしても、そのぶん、生活の時間が奪われます。その奪われる時間の最たるものが、「食事の時間」です。時間がないからという理由で、食事を急いで済ませたり、内容を簡単にしたり。家族のスケジュールがバラバラでそろわないから、一人で食事をしたり。もはや子どもたちにとって毎日の食事は「楽しみな時間」ではなくなっているのかもしれません。もちろん、お父さん、お母さん方が忙しすぎる、ということも大きな原因の一つです。仕事や自分の時間を最大限に削って食事を作り、時間通りに食べさせることは本当に大変です。子育て真っ最中で共働きの我が家でも状況は同じです。

しかし、スポーツが大好きなアスリートキッズたちにとって、それは解決しなければいけない大きな課題です。なぜなら、成長期にしっかりとした「内容」と「量」の食事を摂ることで、その後のアスリートとしての体の基礎が作られるからです。最近の高校サッカーや高校野球などのエリート校では、食べることもトレーニングの一環として厳しくコントロールされています。しかし大切なのはそれ以前の時期の食事で、子どもたちが高校生になった時にきちんと幼いころから食べさせてきたか、そうでないかは、体格やパワーの差となって如実に現れてきます。私からみなさんにご提案したいのは、たとえ時間がなくても、完璧でなくてもいいから、見た目にも食欲をそそる、愛情を込めた料理を家庭で用意してあげることです。そして、週に１度でも２度でもいいから、家族そろって食事をする時間を作ることです。あまりにもシンプルすぎる当たり前の答えかもしれませんが、それが子どもたちにとっては一番大切なことなのです。

私がそういう考えに至ったベースには、大阪樟蔭女子大学でフードスタディを教えておられる田中愛子教授との出会いがありました。彼女の提案する「食卓の上のフィロソフィー」(P4)には、現代社会が抱える様々な問題を「食」を通して解決することができるチカラに満ちています。野菜やハーブを植え育て、収穫して、料理して、みんなで食べる。そのシンプルな営みこそが強い人間の体と心のベースを作るのです。もちろん、私を含め都会で暮らす方々は野菜やハーブを植え育てることは難しいですが、その代わりにきちんと手をかけて育てられた健康な野菜を選ぶことができれば問題ありません。子どもたちの体にとって常にベターな食材や調味料を選択することを心がけてほしいのです。

かく言う私も、幼いころは“偏食キッズ”で小柄かつ華奢な体型をしていました。親もきっと好き嫌いばかり言う私に苦労したと思います。その一方で、おいしいものには人一倍貪欲でした。私が料理人になったそもそものきっかけは、小学生の頃、自分で卵焼きを作り、それを食べた家族のみんなから褒められたことです。それ以来、まるで科学の実験のようにいろいろな料理を作ることでその楽しさを知り、家族みんなで食卓を囲み、料理のおいしさを分かち合うことの幸福を感じながら育ちました。そして大人になり、人に食事を作ることを仕事にするようになってから気づいたのは、きちんと食べる人は体の基礎がしっかりとして健康であると同時に、コミュニケーション力、マナーやモラルに対しても意識を高く持っている方が多いということです。そうした様々な経験から、私は豊かな食が豊かな人格を作り、ひいてはそれが豊かな社会を作るのだと確信するようになりました。

このレシピブックでは、子どもたちの食がグングン進む料理のレシピや盛り付けについては、私・浮田がご提案。アスリートキッズのライフスタイルや食事の摂り方などについては、大阪青山大学短期大学部教授で管理栄養士の山田裕司氏にアドバイスをいただきました。メニューには、成長期の体に必要な高カロリー、高タンパクのおかずから野菜、麺類、ご飯もの、スープからスイーツまでを豊富にラインナップ。この中からバランスよく料理をチョイスして献立を作っていただけるよう考えました。また、“何品も作る時間がない！”という方のために、１皿で栄養バランスが取れる一品料理も多数ご提案しています。簡単に作れるものがほとんどですが、中にはちょっと手間がかかるものもあります。そんな場合も、作り置きや冷凍保存などによって調理時間を短縮するコツもお伝えしていますのでご活用ください。この1冊から、お父さん、お母さん、そして子どもたち自身が、“未来の体を作るごはん”に興味を持っていただければ、大変嬉しく思います。おいしい料理を見た時の子どもたちの目の輝きの違いを、皆さんもぜひ実感してください。

浮田 浩明

High-Lows

Philosophy on our table

food is life, food is love, food is future.

食卓の上のフィロソフィー　10の提案

by 田中 愛子 Tanaka Aiko

次世代を担う子どもたちや地球の未来のために、今、私たちができること。その10の提案をここにご紹介。家庭の食卓での小さな積み重ねがやがて健やかな人を育て、社会を形作り、世界へと広がって豊かな未来を築きます。それが食卓からの小さな革命です。

PHILOSOPHY 01

毎日、心を込めて料理を作りましょう。

自然が育んだ健やかで新鮮な食材を吟味し、愛情込めて料理を作りましょう。
一人で暮らす人も、自分の体と心が喜ぶおいしい料理を作りましょう。

PHILOSOPHY 02

ハーブや野菜を育て、土の恵みに感謝しましょう。

自分の手でハーブや野菜を育てましょう。
育み、収穫する喜びを知れば、命をいただくことへの感謝の気持ちが生まれます。

PHILOSOPHY 03

Eat together!!

みんなで食卓を囲み、楽しくいただきましょう。

家族、友人、隣人、仕事の仲間etc 食卓をみんなで囲めば自然と楽しい会話や人と人との絆が生まれます。

PHILOSOPHY 04

器やキッチンの道具を大切にしましょう。

さまざまな器や箸、フォークやナイフなどのテーブルウェア、包丁や鍋などキッチンの道具。
これらは丹精込めて作られた暮らしの中の小さなアートであり、文化でもあります。

PHILOSOPHY 05

料理に込められた知恵と愛情を感じましょう。

3分でできる簡単なおかずも、1日かけて煮込む料理も、
どんな料理にもそれが生まれた理由と歴史があり、
食べる人を思う作り手の心が込められています。

PHILOSOPHY

06 食材や料理の歴史と文化を学びましょう。

醤油に味噌、バターにチーズ、パスタ、フカヒレ…世界の食材には、長い時間をかけて育まれたその国の文化と歴史と風土が詰まっています。それらを知ることによって、より深く、おいしく食事を楽しむことができます。

History & Culture

PHILOSOPHY

07 食卓のマナーを守り、美しく食べましょう。

食卓のマナーは、食材や料理に感謝して美しくいただき、みんなで楽しい時間を過ごすための文化です。世界各国の食文化を学び、それを実践することで、それぞれの国の文化に敬意を払いましょう。

PHILOSOPHY

08 いま、世界で起きている現実と真実に目を向けましょう。

世界の途上国では8億の人々が飢えに苦しんでおり、その7割が幼い子どもたちです。その一方で日本は年間5500万トンの食糧を輸入しながら、1800万トンの食物を廃棄しており、そのうちの1000万トンは家庭から捨てられています。その事実を知り、考え、日々の小さなことから行動を起こしましょう。

PHILOSOPHY

09 健やかな心と体を育むものを選んで食べましょう。

Which do you choose? or

私たちの体は日々の食べ物によって作られています。心を込めて作られたおいしい料理をバランスよく、規則正しく食べる人は、心も体も健康に暮らすことができます。様々な食品や食材が溢れる現代、私たちの心と体の健康にとって本当に必要なものを選ぶ目を持ちましょう。

PHILOSOPHY

10 持続可能な地球の未来のために、家庭の食卓から小さな革命を起こしましょう。

私たちが暮らす土地で採れた新鮮な食材を厳選し、それらを料理して日々の食卓を彩りましょう。それこそが家庭の食卓から起こす"小さな革命"です。小さな積み重ねはやがて社会へと広がり、持続可能な地球の未来を築きます。

INDEX | FOOD *for* Athlete Kids

アスリートキッズの未来ごはん
浮田 浩明

[監修] 大阪青山大学短期大学部
教授 **山田 裕司**
管理栄養士

ATHLETE KIDS MEETS CHEF

Story ×

それはとあるゴキゲンに晴れ渡った日曜日。
奈良県の香芝フットサルパークでは、
全国から集まったジュニアの精鋭たちが
実力を競い合う大会が開かれていた。

その中で、はるばる東京都太田区からやってきたのが
FCハイロウズ東京ジュニアの10名の少年たち。

初めてのアウェイの地で応援もなく、
果敢に強豪との試合に挑もうとする
彼らを元気づけるため、
おいしいお弁当を作って応援してあげたい…

浮田シェフは朝早くから腕をふるって
おにぎりをどっさりこしらえ、奈良へと車を走らせた。

おいしいごはんが僕らのパワーになる！

『10人のアスリートキッズとシェフのお弁当物語』

「今日は絶対に勝つぞ！」監督から気合を入れられた。
たくさん練習してきた成果を今日こそ見せてやるんだ。

来たー！ 絶対に止めてくれよ！

もっと速くもっと強くなりたい。
今日こそはきっと勝つんだ！

右が空いてるぞ！ 速くボールを出せ！

Do your best!

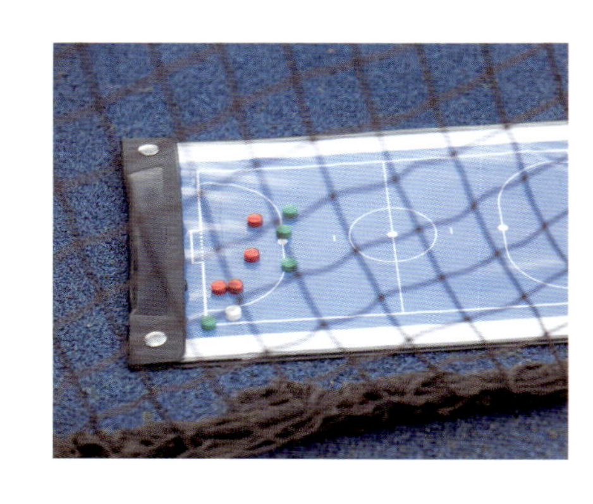

You can
make it!

どんなに激しくディフェンスされても、
絶対にボールをキープして離すなよ！

Go for it!

なぜシュートできなかったのか？
よーく考えて、昼からの試合は頑張ろう！

お疲れさま。よく頑張ったぞ！

まちにまったお弁当の時間！！
お昼からの試合はもっと頑張れるよ！

走って、ゴールして、ディフェンスして、気がつくともうお昼。お腹もペコペコだね。まちにまったお弁当タイムの始まりだ！ しっかり食べて、午後の試合のエネルギーをチャージしよう。アスリートキッズのランチに必要なのは午後からの試合に即、エネルギーとなる炭水化物、そして筋肉や骨格を作るタンパク質。もちろん野菜のビタミンも忘れずに。大切なのは栄養のバランスだ。

おかずは肉団子と卵焼きを串刺しに。
これだと手で食べやすいから
子どもたちもどんどん手が伸びる。

試合の日のおにぎり弁当

おにぎり用のごはんレシピは
P66〜69をCheck!

1. 体力回復に必要な
アミノ酸を含む梅干しも
潰してご飯にシソと混ぜ込んで。

2. 子どもたちの大好きなコーンのおにぎり。

3. ベーコン＋おかかの香ばしさが食欲をそそる。

野菜も食べやすい
工夫を。スティッ
ク野菜にしたり、
生春巻きでサラダ
を巻いたり。カリ
ウムを補給できる
バナナも捕食には
ぴったりだ。

アスリートキッズのための食事とライフスタイルの基本

＋この本の活用方法

Q. スポーツする子どもの食事とライフスタイルはどんなことに気をつければいいい？

A1 まずは成長とスポーツのためのエネルギーをしっかり摂取させてあげましょう。

成長期の子どもは、実は大人以上にエネルギーを消費しています。小さな体が毎日グングン大きくなるためには大量のエネルギーが必要なのです。人間は誰でも「生命を維持するのに必要なエネルギー」＋「日常生活に必要な運動エネルギー」が基本的に必要です。アスリートキッズはそれに加えて「体を成長させるエネルギー」＋「スポーツのためのエネルギー」が必要になるので、いかにたくさんのエネルギーを食事から摂らねばならないかがお分かりいただけると思います。

ところが、今の子どもたちは「食が細い」「食に興味がない」「好き嫌いが多い」傾向にあると言われています。偏った食事や少食によるエネルギー不足は、スポーツはもとより成長にも影響を与えます。アスリートキッズにとって大切なのは、成長とスポーツのためのエネルギーがしっかり摂取できるバランスの良い食事です。お父さん、お母さんは生活習慣病や体に付いた余分な脂肪を気にしてウェイトコントロールのために、脂質、糖分やカロリーを抑えた食事をしがちになりますが、アスリートキッズにはそれとは違った視点からのメニューが必要だと言うことを頭に入れておきましょう。

人にとってのエネルギーとは、スマホの電池のようなもの。

A2 「食べること」と「寝ること」も基礎トレーニングのひとつ。

本格的にスポーツに取り組むアスリートキッズは、日々、学校での勉強以外にもハードスケジュールで練習やトレーニングに励んでいます。そのスケジュールをこなすための体力や、パフォーマンスを上げるための丈夫でしなやかな体は、毎日の食事によってつくられるものです。そのため、子どもとそのご家族の全員が「食べること」をトレーニングの一環として考え、子どもたちがおいしく・楽しく・たくさん食べられる環境づくりをすることが大切なのではないでしょうか。

また同時にスポーツで疲労した体をいかに回復させるかも重要なポイントです。激しい運動による筋肉のダメージを修復させ、体を大きく成長させるためにも十分な睡眠は欠かせません。食事・睡眠という2つの体づくりの基礎があってはじめて、高度なスキルを身につけられるのです。子ども自身が「食べること」「寝ること」の大切さを理解できるよう、お父さん、お母さんも一緒に日頃から意識することが大切です。

Q. 毎日の食事は何をどう食べさせればいい？

A1 5大栄養素をバランス良く取り入れる。

食事から摂ることのできる、人間の体づくりに必要な栄養素を「五大栄養素」と言い、毎日の食事の中でこれらをバランス良く摂ることが理想とされています。大人の場合、生活習慣病の原因と考えられる糖質・脂質の過剰摂取は子どもにとっても同様ですが、あくまでも大切なのは摂取量とバランス。成長期はむしろバランスを考えた上でしっかり摂取し競技力アップに活かしたいものです。この本にもレシピごとの栄養価が記されているので、ぜひ参考にしてみてください。

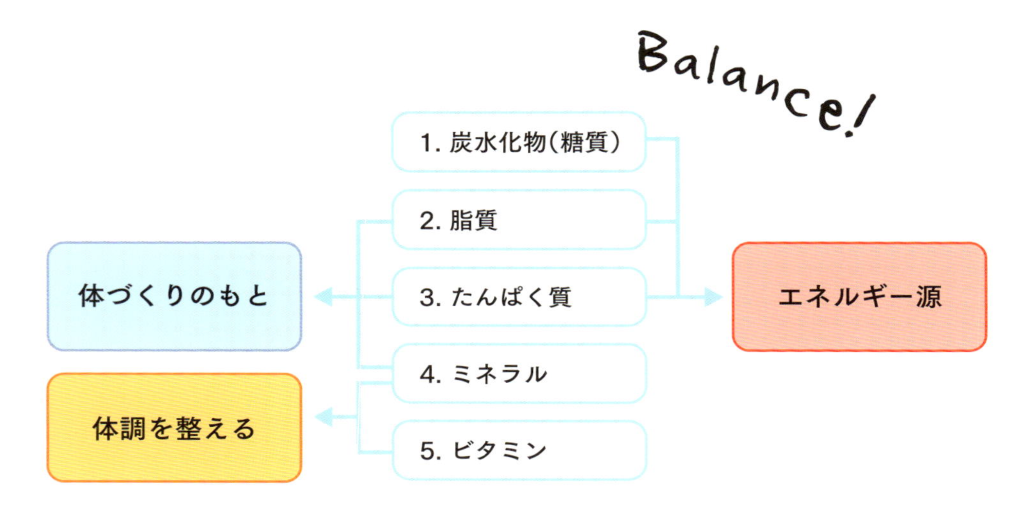

【栄養のミニ知識】

A2 主食・主菜・副菜・果物・乳製品をできる限り毎食食べる。

五大栄養素を一つ一つ吟味しながら食材を選んで料理を作ることは、家庭ではなかなかむずかしいもの。そこで活用したいのが、主食[ごはん・麺類]、おかずとなる主菜[肉類・お魚類をメインとした料理]、副菜[野菜類を中心とした和え物・温野菜スープなど]、デザート[乳製品や果物]、これらの料理を必ずではなく、できるだけ取り入れるという事。

この本でも[主菜となるメインのおかず]、[副菜となる野菜やスープ、サブおかず]、[主食となる麺・ご飯]、[乳製品・果物となるスイーツ]などのジャンルに大きく分類しているので、献立作りのベースにしていただけます。さらに、子どもの年齢に応じて必要な摂取カロリーも合わせてここに記載していますので、参考にしてください。

「主食」には、ごはんやパン、麺・パスタなどを主材料とする料理が含まれる。「副菜」には、野菜、いも、豆類（大豆を除く）、きのこ、海藻などを主材料とする料理が含まれる。「主菜」には、肉、魚、卵、大豆及び大豆製品などを主材料とする料理が含まれる。

アスリートキッズ 年齢別 推定必要摂取カロリー（kcal/日）

性別	男子			女子		
活動レベル	I	II	III	I	II	III
6〜7（歳）	1,350	1,550	1,750	1,250	1,450	1,650
8〜9（歳）	1,600	1,850	2,100	1,500	1,700	1,900
10〜11（歳）	1,950	2,250	2,500	1,850	2,100	2,350

活動レベル…I：低い　II：ふつう　III：高い

※必要な摂取カロリーは
それぞれの子どもたちの運動量や体格、
成長の度合いなどによって異なり、
あくまでも目安としてのご紹介です。

Q. どんなタイミングで何を食べると効果的？

A1 試合や練習時間に合わせ 1〜2時間前までに糖質でパワーチャージ。

朝一番の試合なら思いっきり早起きして食べる事が競技力向上につながります。試合や練習でパワフルに動けるようにするためには、始まる1〜2時間前のタイミングでおにぎりやバナナ、パンなど糖質系の補食でエネルギーをチャージ。時間がない場合はフルーツジュースや栄養補給系のゼリーなど消化の良い糖質メニューを口にするようにしましょう。

A2 運動後は30分以内に糖質・たんぱく質で疲労回復チャージ。

運動後20〜30分以内に、ヨーグルトやフルーツジュース、牛乳など、糖質やたんぱく質、ビタミンを含む食品や料理を食べて疲労回復をサポート。たんぱく質のなかでもヨーグルトの上澄み液＝ホエイタンパクは、吸収力抜群です。

Q. 子どもたちが食に興味を持つようにするには？

A1 楽しく食事ができる工夫をしよう。

どんなに栄養価に優れた料理でも、おいしく、楽しく食べられる工夫がなければ、子どもたちは興味を持ってくれません。手作りの料理の温もりやおいしさ、鮮やかな彩り、食欲をそそる盛り付けなどの小さな工夫で子どもたちの瞳は輝きます。また、食事の時間を子どもたちの大好きなクイズタイムにするのも一つのアイデア。料理に入っている食材や、その食材が体の中でどんな役割を果たすかをクイズにして出題するのもいいかもしれません。特に最近は食材や料理についての知識が少ない子どもが増えてきていることも事実。ぜひ子どもたちに毎日の食卓でいろいろな味覚体験やヒラメキを体験させてあげてください。

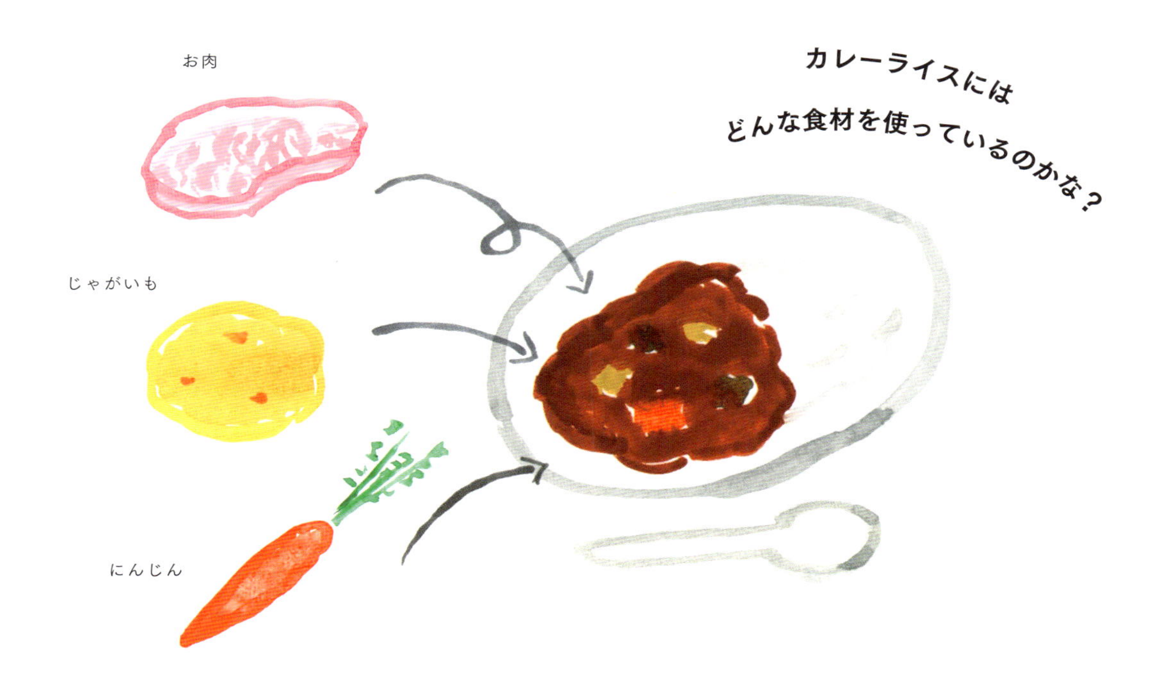

Family
Cooking!!

A2 いっしょに料理をしよう!!

自分の手で料理を作ること･･･それは単なる作業という枠を超えて様々な感動と発見を子どもたちに与えてくれます。みんなの大好きなカレーライスやハンバーグ、おやつ作りでもいいでしょう。捏ねる、形を作る、野菜の皮をむくなどの作業をお手伝いしてもらうだけでも、子どもの料理や食材への理解と感心が高まります。この本も料理写真を見ながら子どもの食べたい料理を選び、いっしょに作るなど、親子のコミュニケーションのツールとしてもお役に立てればと思っています。

WE NEED
PHILOSOPHY ON
OUR TABLE.

DADDY'S
SPECIAL
WEEKEND

週末の練習終わりに・・・
BBQはパパの腕の見せ所

週末は日頃の練習の成果を試す練習試合。
そしてその後は、みんなのお楽しみ、
よく頑張ったね！＆ 応援お疲れ様BBQ。

前日の仕込みから火起こし、焼き加減まで、
この日ばかりはパパたちがBBQ奉行になる。
これこそがパパの腕の見せ所だぞ！

BBQ recipe

01 GRILLED BEEF グリルドビーフ

輸入食材スーパーなどで手に入るステーキ肉をシンプルにグリル。焼く前にガーリックオイルとハーブオイル(P100)をひと塗りすれば味わいもグンとアップ！

BBQ recipe

02 SPAIR LIBS スペアリブ

スペアリブは前日から仕込みをしておけば(P31/作り方1〜4)、現場でTEXAS BBQソース(P34)をつけて焼くだけ。柔らかく骨離れも抜群！

BBQ recipe 03 CHECKEN ROAST チキンロースト

その日の朝に鶏もも肉とUckey's万能ソース(P101)をジップロックに入れて浸けておくだけ。こんがりジューシーなキチンローストが焼きあがる。

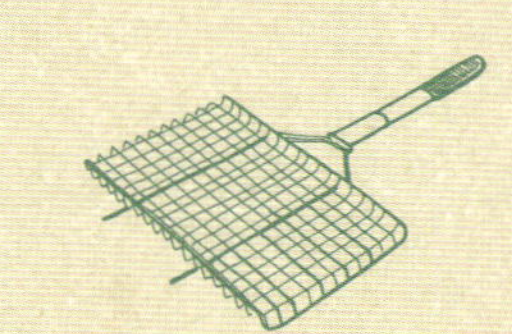

GET MORE IDEAS ON YOUR BBQ!

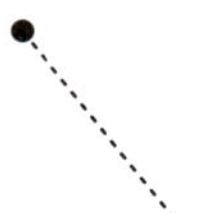

BBQ recipe 04 CAESARS SALAD シーザーズサラダ

鉄分たっぷりのほうれん草とカリカリに焼いたベーコンで作るサラダ。パルメザンチーズをたっぷりふりかけて、シーザードレッシング(P101)で召し上がれ。

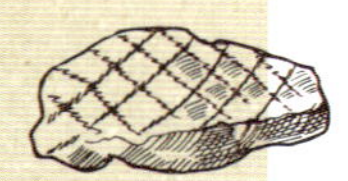

アイデアひとつで、

BBQはもっと楽しくなる！

BBQ recipe

05

STUFFED PAPRIKA
パプリカの肉詰め

色鮮やかなパプリカはカットして種を取り出し、中にポークパテ（P32）を詰めて。弱火でじっくり焼けば、パプリカの甘みがじんわりしみた肉詰めの出来上がり！

BBQ recipe 06

GRILLED CAMENBERT CHEESE
焼きカマンベールチーズ

輸入食材スーパーなどで手に入るお手頃な値段のカマンベールチーズを丸ごとドン！とグリルでロースト。チーズがドーム状に膨らんできたら、ナイフで表面に切り込みを入れて。グリルしたバゲットや野菜のローストにとろ〜りとろけたチーズをソースがわりにつけて。子どもたちにも大好評！

EATING TOGETHER IS MUCH MORE FUN!

みんなで食べるから、おいしいね！

BBQ recipe 07

MIX SEAFOOD AHIJO
ミックスシーフードのアヒージョ

冷凍のミックスシーフードやマッシュルームをアルミのトレーに入れてガーリックオイル(P100)をたっぷり注ぐ。軽く塩・こしょうで味を整えたらそのまま炭火で加熱を。フツフツしてきたら、グリルで焼いておいたバゲットといっしょに楽しもう！

BBQ recipe 08

GRILLED VEGETABLES
野菜グリル

じゃがいも、レンコン、人参、かぶら、玉ねぎなどの根菜類やかぼちゃ、アスパラなどはオリーブオイルをかけて丸ごとグリル。玉ねぎは皮が真っ黒になるぐらい焼くと中身が甘く、とろりとした口あたりになっておいしい。

Good Taste!

大人が一日に必要なたんぱく質約60〜80gに対し、小学生でもほぼ同量の約55〜75gが必要といわれています。子どもたちの食べやすい味付けで楽しめるボリュームたっぷりの肉と魚のおかずで、毎日、たんぱく質をしっかりいただきましょう。

| Pork Dishes | 01

SPARERIB
TOMATO STEW

スペアリブトマト煮

圧力鍋を使えばスペアリブも短時間でホロリと柔らかな食感に仕上がります。あとはトマトソースと絡めるだけの簡単レシピ。たんぱく質、繊維質も豊富なお豆も入ってバランス、スタミナともに抜群の一皿です。

材料〔2人分〕

豚スペアリブ　…5〜6本
塩、こしょう　…適宜
黒ビール　…1缶(350ml)
セロリ(2cm角切り)　…50g程
人参(2cm角切り)　…1/2本
玉ねぎ(2cm角切り)　…1/2コ
油(オリーブ油)　…適宜
トマト缶　…1缶
白いんげん(水煮)　…50g
赤いんげん(水煮)　…50g
玉ねぎ(スライス)　…1/2コ
クミン　…適宜
ケチャップ、とんかつソース　…適宜
ガーリックオイル[P100参照]　…適宜
イタリアンパセリ　…適宜

作り方

1. 豚スペアリブの両面に塩、こしょうをしておく。

2. 熱したフライパンにオリーブ油を少々入れ、1を入れ両面に焼き色をつける。

3. 2を圧力鍋に入れ、セロリ、人参、玉ねぎを上に敷きつめ、黒ビールを入れる。
※肉、野菜がしっかり液体に浸かるようにする。
※黒ビールで浸からなかった場合、足りない分は水で代用する。

4. 圧力鍋のフタをしっかり閉め、中火で10分蒸気が出てくるまで煮込み、火を止めて蒸気が出なくなったら、少しずつ開ける。
スペアリブを鍋から取り出しておく。
※ここで柔らかくなったスペアリブはほかの色々な料理に展開できる。

5. 鍋にガーリックオイルを入れ玉ねぎをソテーする。

6. 5の鍋に4のスペアリブを入れ、そこにトマト缶、水煮のいんげん豆、クミンを入れ、トマトの水分が1/3になるまで煮詰める。

7. 6に塩、こしょう、砂糖、ケチャップ、とんかつソースを入れ味を調える。

8. 器に盛り、イタリアンパセリを添える。

エネルギー	タンパク質	脂質	炭水化物	食物繊維	カルシウム	鉄	ビタミンA	ビタミンD	ビタミンB1	ビタミンB2	ビタミンC	食塩
699kcal	22.1g	53.1g	28.9g	6.8g	70mg	2.4mg	315μg	0.1μg	0.21mg	0.24mg	18mg	3.7g

たっぷりキノコのミートボール

PORK PATE MEAT BALL

子どもたちの大好きなミートボールは、いろんなソースと和えたり、お弁当やシチュー、カレーにと大活躍。週末にたっぷり仕込んで冷凍しておきましょう。ここでは大人気のきのこクリームソースのアレンジをご紹介。

○ポークパテ

材料

豚ミンチ　…2kg
卵　…2コ
玉ねぎ（みじん切り）　…2コ
サラダ油　…10g
牛脂（なければラード）　…200g
パン粉　…100g
牛乳　…200g
塩　…20g
にんにく（すりおろし）　…少々

作り方

1. 牛脂を細かく切る（冷凍してからカットすると切りやすい）。玉ねぎはみじん切りにしておく。
2. 熱したフライパンにサラダ油を敷き、1の玉ねぎを入れ、しんなりするまで炒める。
3. パン粉を牛乳にひたしておく。
4. ボウルに1、2、3、豚ミンチ、塩、にんにく、卵を入れ、よく混ぜ合わせる。
   ※まとめて作って、ジップロックに入れて冷凍する

○ミートボール

材料〔4人分〕

ポークパテ　…400g
マッシュルーム
エリンギ
マイタケ（キノコなら何でもOK）　…1パックずつ
白ワイン（なければ料理酒でも）　…200cc
チキンスープ[P94参照]　…200g
炒め玉ねぎ[P82参照]　…1/2コ
生クリーム　…100cc
バター　…50g
薄力粉　…適宜
塩　…4g
こしょう　…適宜
醤油　…6g
パルメザンチーズ　…適宜
イタリアンパセリ　…適宜
黒こしょう　…適宜
ガーリックオイル[P100参照]　…10g
焼いたバゲット　…2､3枚
水溶き片栗粉　…小さじ1の片栗粉と水適宜

作り方

1. ポークパテを団子状に均一に丸め、薄力粉をまぶしておく。
2. マッシュルームは石づきをとって、マイタケは小房にほぐす、
   エリンギは食べやすいサイズに切り分ける。
3. 熱したフライパンにガーリックオイルを敷き、1を入れて
   中火で7～8割ほど火を通したら、一度取り出す。
4. 同じフライパンでキノコ類を炒め、途中バターを入れ、
   さらに炒め、キノコ類を取り出し、白ワインを入れ、汁にとろみが出るまで煮詰める。
5. 4にチキンスープ、炒め玉ねぎを入れ、ポークパテとキノコ類をフライパンへ戻す。
6. 仕上げに生クリーム、塩、こしょう、醤油で味を調える。
   とろみが足りない場合は、水溶き片栗粉をちょっとずつ入れてとろみを調整する。
7. 器に盛りつけて、パルメザンチーズ、黒こしょう、
   イタリアンパセリを散らし、焼いたバゲットを添える。

エネルギー	タンパク質	脂質	炭水化物	食物繊維
480kcal	19.4g	33.6g	27.0g	2.6g
カルシウム	鉄	ビタミンA	ビタミンD	ビタミンB_1
89mg	2.3mg	75μg	1.6μg	0.24mg
ビタミンB_2	ビタミンC	食塩		
0.40mg	3mg	2.9g		

PORK STEAK

ポークステーキ

疲労回復に必要なビタミンB_1が豊富に含まれる豚肉は、毎日のメニューに取り入れたい食材。がっつりボリューム感あるポークステーキは焼くだけのシンプル・クッキングで、忙しい時でもスピーディーに作れます。

材料〔2人分〕

豚ロース　…150g 2枚
ガーリックオイル
[P100参照]　…6g
塩　…3g
こしょう　…適宜

A〔TEXAS BBQソース〕
こしょう　…適宜
市販のケチャップ　…100g
市販のお好みソース　…40g
醤油　…小さじ1
ハーブ
(バジル、タイム、イタリアンパセリ、ローズマリーetc.)
トマト缶　…1/5
はちみつ　…10g
レモンの皮(すったもの)　…1/6個分

その他ソース
シーザードレッシング[P101参照]　…適宜
市販のマスタード　…適宜
市販のウスターソース　…適宜

付け合わせサラダ　…適宜

作り方

1. 豚ロースに塩、こしょうをひとつまみ程度、ふりかけておく。
2. 熱したフライパンにガーリックオイルを敷き、1の豚ロースを焼く。
3. 中火～強火で両面をよく焼いてから、弱火にして、ゆっくり火を通す。
4. Aの材料を器に入れ、混ぜ合わせる。
5. シーザードレッシング、マスタード、ウスターソースをそれぞれの器に用意し、4とともにソース類は並べておく。
6. 皿に3をのせ、付け合わせの野菜を添えて。好みのソースに合わせていただく。

エネルギー	タンパク質	脂質	炭水化物	食物繊維	カルシウム	鉄	ビタミンA	ビタミンD	ビタミンB_1	ビタミンB_2	ビタミンC	食塩
407kcal	30.6g	25.2g	11.3g	1.1g	24mg	2.0mg	50μg	0.3μg	1.12mg	0.45mg	9mg	3.1g

豚の生姜焼き

定番メニューの豚肉の生姜焼きも、とろみをつけてお肉の味をしっかり閉じ込めれば、よりジューシーに仕上がります。ほうれん草を添えればお肉と一緒に野菜も摂れて栄養価もアップ。

材料〔4人分〕

豚肩ロース …400g
玉ねぎ（くし切り） …1コ
片栗粉 …10g
チャイナ・オイル[P100参照] …20g

A
アップルヴィアンドソース[P101参照] …80g
Ucky's万能ソース[P101参照] …40g

ほうれん草 …1束
グアムソース[P101参照] …40g

作り方

1. 豚肩ロースに片栗粉をまぶす。
   Aは混ぜ合わせておく。

2. 熱したフライパンにチャイナ・オイルを入れ、
   1を入れて炒め、7割火を通したら取り出す。

3. 同じフライパンに玉ねぎを入れ、
   中火でしんなりするまで炒めて取り出す。

4. 3のフライパンにAのソースを
   入れて煮立ってきたら、
   2の豚肉と3の玉ねぎを入れてからめていく。

5. たっぷりのお湯に塩を少し入れ、ほうれん草をさっと茹で、
   水気をしぼり、5～6cmに切り、グアムソースを合わせる。

6. 皿に5を敷き、その上に4をのせて盛り付けるA。

エネルギー	タンパク質	脂質	炭水化物	食物繊維
624kcal	38.1g	41.8g	20.7g	4.1g
カルシウム	鉄	ビタミンA	ビタミンD	ビタミンB1
64mg	2.7mg	275μg	0.6μg	1.44mg
ビタミンB2	ビタミンC	食塩		
0.66mg	39mg	0.7g		

GINGER PORK

BEEF STEAK WITH GARLIC SAUCE

ビーフ・ステーキ ガーリックソース

脂身の少ない牛赤身肉は良質のたんぱく質の他にも鉄分や亜鉛を豊富に含むため、成長期の子どもたちにぜひ食べて欲しい食材の一つ。風味豊かなソースを添えれば食欲もぐんぐんわいてきます。

材料〔2人分〕

牛フィレ肉 …300g
塩 …3g
こしょう …適宜
ガーリックオイル
[P100参照] …10g

付け合わせ
じゃがいも …1/2コ
人参 …1/2本
三度豆 …3コ
サラダ油（揚げ） …適宜
塩 …適宜

ステーキソース
Ucky's万能ソース[P101参照] …30g
アップルヴィアンドソース[P101参照] …30g

作り方

1. 牛フィレ肉に塩、こしょうをひとつまみ程度、ふりかけておく。

2. 熱したフライパンにガーリックオイルを入れ、白い煙が出始めたら1を入れ、強火で両面をこんがり焼く。※側面も軽く焼き目をつける。

3. 火を止めて、余分な油をふき取り、両面を返しながら余熱で火を通す。※端を少し切ってみて、もっと火を通したい場合はもう一度火をつけて、この作業を繰り返す。

4. じゃがいも、にんじんは、縦に細長く切り、低温のサラダ油でゆっくり揚げ、塩をする。

5. 三度豆はすじをとっておく。1000ccの熱湯に塩（小さじ2・分量外）を入れてから三度豆を入れ、茹で上げる。

6. 3を食べやすい大きさにスライスし、皿に乗せ、4と5を添える。

7. Ucky's万能ソースとアップルヴィアンドソースを混ぜ合わせ、6にかける。

エネルギー	タンパク質	脂質	炭水化物	食物繊維	カルシウム	鉄	ビタミンA	ビタミンD	ビタミンB_1	ビタミンB_2	ビタミンC	食塩
439kcal	29.7g	28.6g	11.8g	1.6g	24mg	4.1mg	255μg	0.0μg	0.20mg	0.40mg	16mg	1.8g

COLORFUL CHIN JAO LO SU

| Beef Dishes | 02

カラフル青椒肉絲

栄養豊富なピーマンとお肉を一度に食べられ、ご飯も進む秀逸なメニュー。
甘みの強いパプリカをミックスすれば、カラフルな見た目に食欲をそそられ、
ピーマンが苦手な子どもも食べやすくなります。

材料〔4人分〕

牛(赤身)細切り …200〜300g
パプリカ・ピーマン …150g
たけのこ …150g
玉ねぎ(スライス) …1/2コ
ガーリックオイル[P100参照] …5g
チャイナ・オイル[P100参照] …10g
塩、こしょう …適宜

市販のオイスターソース …10g
Ucky's万能ソース
[P101参照] …40g
酒 …小さじ4
※酒とソースは合わせておく

水溶き片栗粉 …小さじ1/2

作り方

1. 細切りにした牛(赤身)に塩、こしょうをふっておく。

2. 熱したフライパンにガーリックオイル を敷き、
牛肉を炒め、7割火が通ったら一度取り出す。

3. そのままフライパンにチャイナ・オイルを敷き、
細切りにしたパプリカ、ピーマン、たけのこ、
玉ねぎを炒め、2をフライパンに戻す。

4. オイスターソースとUcky's万能ソース、酒を混ぜ合わせる。

5. 3に4を入れて味を調え、最後に水溶き片栗粉でとろみをつける。

エネルギー	タンパク質	脂質	炭水化物	食物繊維
250kcal	14.4g	16.5g	10.4g	1.7g
カルシウム	鉄	ビタミンA	ビタミンD	ビタミンB1
19kg	2.0g	6μg	0.0μg	0.08g
ビタミンB2	ビタミンC	食塩		
0.18g	59g	1.1g		

クリスピーチキン

高たんぱく・低脂肪で疲労回復効果もある鶏胸肉をふっくら、サクサクした衣でフライに。スイートチリソースやケチャップなど洋風のソースと相性抜群。唐揚げのバリエーションとしてぜひ取り入れて。

材料〔3〜4人分〕

鶏胸肉　…400g
塩　…4g
こしょう　…適宜

A
薄力粉　…30g
片栗粉　…30g
強力粉　…60g
パン粉　…60g
ベーキングパウダー　…小さじ1.5
ビール（なければ炭酸水）　…260cc
塩、こしょう　…ひとつまみ

サラダ油（揚げ）　…適宜
市販のスイートチリソース

作り方

1. 鶏胸肉を長めに切り、塩、こしょうをひとつまみ程度ふりかけておく。

2. ボウルにAを入れ、混ぜ合わせたあと、1をくぐらせ、160℃のサラダ油で肉が浮き上がるまで揚げる。

3. 皿に盛り、スイートチリソースでいただく。

エネルギー	タンパク質	脂質	炭水化物	食物繊維
374kcal	25.0g	17.2g	27.2g	1.0g

カルシウム	鉄	ビタミンA	ビタミンD	ビタミンB_1
43mg	0.7mg	18μg	0.1μg	0.13mg

ビタミンB_2	ビタミンC	食塩
0.11mg	3mg	1.2g

CRISPY CHICKEN

KARAAGE

Chicken Dishes | 02

鶏の唐揚げ

カリッと香ばしく、旨味たっぷりの唐揚げの秘密は、揉みダレに入れたガーリックオイルとネギ油。しっかり揉み込んで肉の旨味を引き出します。揚げる前の状態で冷凍すればお弁当にも活用できます。

材料〔4人分〕

鶏肉　…400g
サラダ油(揚げ)　…適宜

A
うす口醤油　…小さじ1
砂糖　…小さじ1
塩　…小さじ0.5
酒　…20～40cc
ガーリックオイル[P100参照]　…小さじ1
ネギ油[P100参照]　…小さじ1

B
薄力粉　…20g
片栗粉　…20g

作り方

1. ボウルにAを混ぜ合わせておく。

2. ひとくちサイズに切った鶏肉を1に入れて揉み込み、さらにBを入れて揉む。

3. 2を150℃～160℃のサラダ油で揚げる。衣が色づき、浮き上がってきたら、取り出して器に盛る。

エネルギー	タンパク質	脂質	炭水化物	食物繊維	カルシウム	鉄
309kcal	17.1g	21.3g	9.0g	0.1g	7mg	0.7mg

ビタミンA	ビタミンD	ビタミンB1	ビタミンB2	ビタミンC	食塩
40μg	0.4μg	0.11mg	0.15mg	3mg	1.0g

SALMON MUNIEL

Fish Dishes | 01

材料〔2人分〕

サーモンの切り身 …2枚
塩、こしょう …適宜
薄力粉 …適宜
オリーブ油 …適宜
バター …100g
ケッパー（みじん切り） …20粒
パセリ …20g
トマト（細かく刻む） …40g
レモン（スライス） …5〜6枚
菜の花（塩ゆで） …3枚

サーモンのムニエル

サーモンは消化吸収の良いたんぱく質やカルシウムの吸収を助けるビタミンDなど良質な栄養の宝庫。シンプルなソテーでも、香ばしいバターソースを添えるだけで、味わいもワンランクアップします。

作り方

1. サーモンの切り身に塩、こしょうをひとつまみ程度、ふりかけておく。
2. フライパンにオリーブ油を敷き、薄力粉をまぶした1を皮の方から入れソテーする。
3. 両面がきつね色になれば、火を止める。
4. 1分程フライパンの余熱で中身まで火を通したら、皿に盛る。
5. ペーパーでフライパンの余分な油をふきとり、バターを入れてきつね色になるまで香りよく焦がす。
6. 4にケッパー、パセリ、刻んだトマトをのせ、5をかけて、レモン、菜の花をのせて完成。

エネルギー	タンパク質	脂質	炭水化物	食物繊維	カルシウム	鉄
397kcal	21.6g	29.4g	8.7g	1.3g	44mg	1.2mg

ビタミンA	ビタミンD	ビタミンB1	ビタミンB2	ビタミンC	食塩
143μg	10.1μg	0.26mg	0.13mg	19mg	1.3g

| Fish Dishes | 02

タラのポワレ キノコクリームソース

白身魚の代表・タラは良質なたんぱく源。スポーツする子どもにはぜひ食べていただきたい食材です。クリームソースと合わせるだけで、食べ応え十分のおかずになります。

材料〔2人分〕

タラの切り身（白身魚） …2枚
塩、こしょう …適宜
ガーリックオイル[P100参照] …10g
バター …60g
マッシュルーム …2コ
生クリーム …100cc
牛乳 …100cc
水溶き片栗粉 …3g
チキンスープ[P94参照] …100cc

ブロッコリー …2房
カリフラワー …2房

作り方

1. タラの切り身に塩、こしょうをひとつまみ程度、ふりかけておく。

2. 熱したフライパンにガーリックオイルを敷き1を皮の方から入れて、中火で焼き、両面に色目がついたら一度取り出す。

3. 余分な油をふき取ってから、フライパンにバターと2を入れ、スプーンでバターをかけながら火を通す。

4. 石づきを取りスライスしたマッシュルームを3に入れ、チキンスープ、生クリーム、牛乳を入れ煮詰めていく。

5. 塩、こしょうで味を調え、水で溶いた片栗粉でソースにとろみをつける。

6. 皿に盛り付けて、上に塩茹でしたブロッコリーとカリフラワーを添える。

エネルギー	タンパク質	脂質	炭水化物	食物繊維	カルシウム	鉄
358kcal	22.5g	26.4g	7.5g	2.4g	71mg	0.8mg

ビタミンA	ビタミンD	ビタミンB_1	ビタミンB_2	ビタミンC	食塩
117μg	0.7μg	0.13mg	0.28mg	64mg	1.8g

COD'S POIRET
MUSHROOM
CREAM SAUCE

サラダと野菜のおかず

Healthy Salad & Vege

野菜に含まれるビタミンやミネラルは、体調を整えたり細胞の働きをサポートしたりと体の中で大活躍。繊維質もたっぷり摂れるので、毎日必ず1品以上取り入れたいもの。脱・野菜嫌いを目指して、素材や彩り、調理にも一工夫を。

季節のフルーツサラダ

SEASON'S FRUITS SALAD

鮮やかな彩りのフルーツが、甘み・酸味・香りで野菜の味わいをいっそう深めてくれる一品。子ども向けには野菜は苦味の少ない野菜をセレクトして。ブドウ、いちご、パインなど酸味のあるフルーツなら何でも合いますよ。

材料〔4人分〕

グリーンリーフ …1/2袋
紅芯大根 …1/6コ
ベビーリーフ …1袋
マッシュルーム …4コ(なるべくフレッシュなもの)
ピンクグレープフルーツ …1コ
オレンジ …1コ
キウイ …1コ
リンゴ …1/2コ
好みのフルーツ …適宜
スモークサーモン …1袋
ミント …適宜
シーザードレッシング［P101参照］ …適宜
フレンチドレッシング［P100参照］ …適宜

作り方

1. グリーンリーフを食べやすい大きさにちぎる。
紅芯大根、マッシュルームは薄くスライスする。
ピンクグレープフルーツとオレンジは実の薄皮をむき、
食べやすい大きさに切る。
リンゴは皮のままいちょう切りにする。
キウイは皮をむき、薄く輪切りにする。
スモークサーモンは食べやすい大きさに切る。

2. 器に1とベビーリーフを盛りつけ、
ミントなどハーブがあれば散らし、
シーザー、フレンチドレッシングなどかけていただく。

エネルギー	タンパク質	脂質	炭水化物	食物繊維
146kcal	8.2g	5.8g	17.0g	2.5g
カルシウム	鉄	ビタミンA	ビタミンD	ビタミンB1
75mg	0.9mg	121μg	7.0μg	0.15mg
ビタミンB2	ビタミンC	食塩		
0.16mg	65mg	1.3g		

海藻とじゃこと大根サラダ

ミネラルたっぷりの海藻類。定番のお味噌汁以外で使うならサラダがおススメです。じゃことナッツもミックスすれば栄養満点。レモン味のさっぱりソースで美味しくいただきましょう。

材料〔4人分〕

じゃこ …適宜
海藻ミックス …1袋(4人前)
大根 …1/8コ
グリーンリーフ …1/2袋
ベビーリーフ …1袋
ピーナッツ、アーモンド …適宜

グアムソース [P101参照]

レモン …1/4コ

作り方

1. 大根は5㎜ぐらいの細切りに、
グリーンリーフは
食べやすい大きさにちぎる。
海藻ミックスはボウルに水を入れて戻し、
ザルにあげて水を切る。
レモンはくし切りにする。

2. 器に1、ベビーリーフを入れ、
上にピーナッツ、アーモンド、
じゃこを散らし、
グアムソースをまんべんなくかける。
レモンを搾るとさっぱりとした味わいに。

SEAWEED, BABY SARDINE & RADISH SALAD

エネルギー	タンパク質	脂質	炭水化物	食物繊維	カルシウム	鉄	ビタミンA	ビタミンD	ビタミンB1	ビタミンB2	ビタミンC	食塩
107kcal	3.7g	8.2g	6.6g	3.4g	84mg	1.0mg	76μg	1.5μg	0.08mg	0.11mg	15mg	0.6g

ひじきとナッツと ミックスビーンズのサラダ

HIJIKI, NUTS AND MIXBEANS SALAD

カルシウムやマグネシウムが豊富なヒジキ。でもお料理するのは難しいと思っていませんか? 水で戻した後、炒めるだけで子どもたちにも親しみやすいおかずに変身。手軽で新しいヒジキの活用法です。

材料〔4人分〕

ひじき …ドライ25g(戻したもの200g)
ミックスビーンズ …1缶
ナッツ(ピーナッツ、アーモンドなど) …50g
ガーリックオイル[P100参照] …適宜
鷹の爪 …1本
醤油 …小さじ1
砂糖 …20g
バター …適宜
糸とうがらし …適宜
イタリアンパセリ …適宜

作り方

1. ひじきは水で戻しておく。
2. フライパンにガーリックオイルとバターを敷き、鷹の爪を入れて炒めてから、ひじき、ミックスビーンズを入れ、砂糖、醤油で味を調える。
3. 2を器に盛り、ナッツ、糸とうがらし、イタリアンパセリを上に添える。

エネルギー	タンパク質	脂質	炭水化物	食物繊維	カルシウム	鉄
204kcal	4.9g	14.8g	15.4g	6.5g	77mg	1.1mg

ビタミンA	ビタミンD	ビタミンB1	ビタミンB2	ビタミンC	食塩
27μg	0.0μg	0.08mg	0.05mg	0.0mg	0.8g

もやしナムル

MOYASHI NAMUL

家計のお助け食材・モヤシは、たんぱく質やビタミンB群、ミネラルなどをバランス良く含む優等生。各種ビタミンや鉄分豊富な豆苗と合わせたナムルなら、シャキシャキした食感でモリモリ食べてもらえそう。

材料〔4人分〕

もやし …1パック
豆苗 …1パック

A ※材料はすべて合わせておく。
塩 …小さじ1
こしょう …小さじ3
ネギ油[P100参照] …3g
ガーリックオイル[P100参照] …3g
醤油 …大さじ1
砂糖 …1つまみ

市販のコチュジャン …適宜

作り方

1. 鍋にたっぷりの水ともやしを入れ、強火にかける。ひと煮立ちしたら、ザルにあげ、水気をきり、冷ましておく。
2. 豆苗は根っこの部分を切り落としたら、半分に切って熱湯にさっとくぐらせ、ザルにあげ、冷水で冷やし、水気をきる。
3. ボウルに1、2、Aを入れ、味がなじむように混ぜ合わせていく。
4. 皿に3を盛り、コチュジャンを添える。

エネルギー	タンパク質	脂質	炭水化物	食物繊維	カルシウム	鉄
47kcal	3.0g	1.9g	5.9g	2.7g	142mg	1.7mg

ビタミンA	ビタミンD	ビタミンB1	ビタミンB2	ビタミンC	食塩
69μg	0.0μg	0.07mg	0.13mg	38mg	2.5g

CABBAGE AND TOFU WITH SESAME MISO SAUCE

キャベツと豆腐のゴマ味噌マヨあえ

冷蔵庫にキャベツと豆腐があれば、簡単にササッと作れる野菜の便利おかず。マヨネーズ、ごま、豆腐を練ったクリーミーなペーストの味わいは子どもにも大人にも大人気。ほうれん草など他の野菜と和えてもOK。

材料〔2人分〕

キャベツ(千切り) …1/4コ
市販のゴマペースト …30g
味噌 …20g
マヨネーズ …60g
絹ごし豆腐 …200g
黒こしょう …適宜

作り方

1. キャベツは千切りにし、さっと茹で、よく水をしぼる。

2. ボウルにゴマペースト、味噌、マヨネーズを合わせ、そこに水をきった絹ごし豆腐を入れ、ペースト状にし、1を入れ混ぜ合わせる。

3. 器に2を入れ上に黒こしょうをトッピングする。

エネルギー	タンパク質	脂質	炭水化物	食物繊維	カルシウム	鉄	ビタミンA	ビタミンD	ビタミンB_1	ビタミンB_2	ビタミンC	食塩
260kcal	10.7g	19.6g	12.9g	4.6g	293mg	3.1mg	6μg	0.0μg	0.22mg	0.12mg	43mg	1.4g

アボカド・豆腐・トマト・バジルのサラダ

AVOCADO, TOFU & TOMATO, BASIL SALAD

カロリーをしっかり取りたいスポーツキッズには脂質の多いアボカドもおすすめ食材。ビタミンB_2、Cやカリウム、繊維質も豊富です。豆腐、トマト、バジルなどとマヨネーズで和えるだけでリッチなサラダに仕上がります。

材料〔2人分〕

アボカド（2㎝角切り） …1コ
木綿豆腐 …200g
プチトマト …10コ
バジル …1パック
マヨネーズ …50〜100g
塩、こしょう …適宜
グリーンリーフ …適宜

作り方

1. アボカドは包丁で切り目を入れて2つに割り、
種を取って皮をむき、2㎝ぐらいの角切りにする。
プチトマトはヘタをとって半分に切る。バジルはみじん切りにする。
※最後に添えるためのバジルは刻まずに残しておく。

2. ボウルに1と2㎝に角切りした木綿豆腐とマヨネーズを入れ、
ゴムベラなどでさっくり混ぜ合わせ、塩、こしょうで味を調える。
※混ぜる際、アボカドが潰れないように優しく。

3. 器にグリーンリーフを敷き、その上に2を盛り、バジルを飾る。

エネルギー	タンパク質	脂質	炭水化物	食物繊維	カルシウム	鉄
378kcal	7.8g	35.2g	10.7g	5.1g	97mg	1.8mg

ビタミンA	ビタミンD	ビタミンB_1	ビタミンB_2	ビタミンC	食塩
92μg	0.1μg	0.17mg	0.23mg	29mg	1.5g

FRIED VEGETABLES

野菜炒め

ビタミンや繊維質たっぷりの野菜炒め。家庭のコンロの火力でシャキッとおいしく仕上げるのは至難の技です。ここでは中国料理のプロの裏ワザを家庭流にアレンジしてご紹介しましょう。

材料〔4人分〕

ブロッコリー …半株
アスパラガス …4本
かぶ …1株
もやし …1袋
パプリカ …1コ
その他旬の野菜 …適宜
塩 …適宜
醤油 …大さじ1

好みの油
ガーリックオイル[P100参照] …適宜
ネギ油[P100参照] …適宜
サラダ油 …適宜
チャイナ・オイル[P100参照] …適宜
など

好みの調味料
砂糖 …大さじ1
市販のオイスターソース …大さじ3
など

エネルギー	タンパク質	脂質	炭水化物	食物繊維	カルシウム	鉄
165kcal	5.1g	10.9g	13.5g	3.9g	51mg	1.1mg

ビタミンA	ビタミンD	ビタミンB1	ビタミンB2	ビタミンC	食塩
63μg	0.0μg	0.14mg	0.20mg	126mg	3.0g

THE TRICK IS TO BOIL THE VEGETABLES BEFORE FRYING.

作り方

1. かぶは皮をむき、くし形に切る。ブロッコリーは、小房に分け、アスパラガスは根元から4〜5cm程ピーラーでむく。鍋の水が沸騰したら、湯に対して3%程の塩を入れ、かぶ、アスパラガス、ブロッコリーの順に入れ、それぞれ7割程の茹で具合でザルにあげ、水きりをする。

2. もやしは水洗いしてザルにあげておく。パプリカは縦半分に切ってへたと種を取り、1cm幅の細切りにする。フライパンとボウルを用意する。熱したフライパンに好みの油を敷き、野菜を1種類ずつ炒めてボウルへ入れていく。

3. 1の茹で野菜も2の炒め野菜のボウルに合わせて入れておく。

4. フライパンに、塩、醤油、好みの調味料を入れ、軽く熱してから3を一気に入れ、味を調える。

〔Point〕
・ボリュームのある野菜、火の通りづらい野菜は下茹でする
・野菜は一度に入れずそれぞれ炒める（火が通る時間が異なるため）
・好みの調味料と塩、醤油は先に合わせておく（味のムラをなくすため）

＋αのサブおかず

Side Dishes

成長期のアスリートキッズにしっかりとカロリーを摂ってもらうためには、メイン料理や野菜料理の他にもサイドメニューが必要です。ここでは子どもたちの大好物・じゃがいもやフライ物を中心とした"サブおかず"をラインナップしました。

コロッケトマオレンジソース

CROQUETTE WITH TOMATO & ORANGE SAUCE

中身はホクホクおいしいお肉屋さん風の味わいコロッケ。外側はサクサクときめ細やかな衣。オレンジ果汁で爽やかに仕上げたトマトソースを添えれば、レストラン風の一皿に。揚げずに冷凍すればお弁当用のストックにも便利です。

材料〔4人分〕

コロッケ
じゃがいも …5コ
玉ねぎ …1コ
牛ミンチ(豚ミンチでもOK) …100g
塩、こしょう …適宜
マヨネーズ …50g
砂糖 …大さじ1
薄力粉 …適宜
卵 …1コ
パン粉 …適宜
サラダ油(炒め) …適宜
サラダ油(揚げ) …適宜

ソース
トマト缶 …1缶
玉ねぎ(みじん切り) …1/2コ
ケチャップ …大さじ3.5
醤油 …適宜
みりん …大さじ3
オレンジ果汁 …1コ分
サラダ油 …適宜

イタリアンパセリ …適宜

作り方

1. 玉ねぎをみじん切りにし、熱したフライパンにサラダ油を敷き、きつね色になるまで炒めて一度取り出す。

2. 再び熱したフライパンにサラダ油を敷き、ミンチ肉を入れほぐしながら炒め、1の玉ねぎを入れて合わせる。

3. 鍋に水、じゃがいもを入れ、水から茹でる。皮がめくれはじめ、竹ぐしがすっと中まで通れば、取り出し、熱いうちに皮をむく。

4. ボウルに3を入れ、ヘラなどで潰してから、2、塩、こしょう、マヨネーズ、砂糖を入れ、混ぜ合わせる。

5. 4を12等分の俵形に形を整え、薄力粉、溶き卵、パン粉の順に衣をつける。

6. 160℃のサラダ油できつね色に揚げていく。

7. ソースを作る。熱した鍋にサラダ油を敷いて玉ねぎを炒めて、トマト缶を入れ、1/3の量になるまで煮詰め、ケチャップ、醤油、みりん、オレンジ果汁を入れ、味を調える。
※甘さが足りなければ砂糖を入れ味を調える。

8. 皿に7のソースを敷き、6を上にのせ、オレンジの皮を削り散らし、イタリアンパセリを添える。

エネルギー	タンパク質	脂質	炭水化物	食物繊維
509kcal	11.8g	28.9g	49.6g	3.8g
カルシウム	鉄	ビタミンA	ビタミンD	ビタミンB1
32mg	1.9mg	31μg	0.3μg	0.23mg
ビタミンB2	ビタミンC	食塩		
0.18mg	65mg	1.6g		

じゃがいもまんじゅうキノコあんかけ

サクッ、モチッの食感が魅力のじゃがいもまんじゅう。揚げ出し風にとろりとしたきのこあんをかければ、ボリュームたっぷりのサブおかずに。揚げずに冷凍保存もできます。

材料〔4人分〕

じゃがいも …4〜5コ
牛乳 …30g
片栗粉 …30g
塩 …3g
こしょう …適宜
片栗粉(まぶす用) …適宜
サラダ油(揚げ) …適宜

しいたけ …1パック
しめじ …1パック
えのき …1パック
※キノコならなんでもOK

出汁[P90参照] …400g
みりん …大さじ2
うす口醤油 …大さじ2
水溶き片栗粉 …大さじ3
三つ葉 …適宜

作り方

1. 鍋に水、じゃがいもを入れ、水から茹でる。皮がめくれ、竹ぐしがすっと中まで通れば、取り出し、熱いうちに皮をむく。

2. ボウルに1を入れ、ヘラなどで潰して、塩、こしょう、牛乳、片栗粉を入れ、混ぜ合わせる。

3. 2を8等分してボール状に形を整え、片栗粉をまぶす。

4. 170℃のサラダ油でこんがり揚げ、器に盛り付ける。

5. 鍋に出汁、みりん、うす口醤油を入れて混ぜ合わせ、しいたけ、しめじ、えのきを入れ、火が通るまで煮る。

6. 5に水溶き片栗粉を加え、とろみがついたら4にかけ、三つ葉を添える。

エネルギー	タンパク質	脂質	炭水化物	食物繊維
225kcal	5.1g	4.4g	43.2g	4.6g
カルシウム	鉄	ビタミンA	ビタミンD	ビタミンB_1
17mg	1.2mg	3μg	0.4μg	0.26mg
ビタミンB_2	ビタミンC	食塩		
0.18mg	53mg	2.2g		

TO BALL

AKE SAUCE

LYONAISE POTATO

リヨネーズポテト

お肉料理の付け合わせの定番、フライドポテト。玉ねぎやベーコンの旨みをプラスすれば、ちょっとしたサイドディッシュにグレードアップします。手作りのおいしさに子どもたちもヤミつきです。

材料〔3人分〕

じゃがいも …3コ
玉ねぎ(くし切り) …1/2コ
ベーコン …100g
バター …適宜
タイム、ローズマリーなどハーブ類 …適宜
サラダ油(揚げ) …適宜
サラダ油(炒め) …適宜
塩、こしょう …適宜

作り方

1. じゃがいもは皮付きのまま一口大サイズに切る。
ベーコンは細切りにする。
玉ねぎは熱したフライパンに油を敷き、炒めておく。

2. 鍋にじゃがいもを入れ、
冷たいままのサラダ油を、
じゃがいもがひたひたになる程度に注ぎ、
低温からじっくり揚げる。
竹ぐしが通ったら、
強火にし高温の油でカリッと揚げる。

3. サラダ油を敷いたフライパンでベーコンを炒め、
1の玉ねぎ、バター、2のじゃがいもを入れ、
塩、こしょう、ハーブで味を調える。

エネルギー	タンパク質	脂質	炭水化物	食物繊維
295kcal	6.7g	18.6g	25.8g	2.1g
カルシウム	鉄	ビタミンA	ビタミンD	ビタミンB1
12mg	0.8mg	19μg	0.2μg	0.28mg
ビタミンB2	ビタミンC	食塩		
0.09mg	60mg	0.7g		

春巻

サクサクした歯ざわりのスナック菓子感覚で、1本また1本と食べ進められるスティックタイプの春巻き。からし醤油やソース、スイートチリソース、ケチャップなど、好みの味で召し上がれ。冷凍保存もできてお弁当にもぴったり。

作り方

1. 豚肉は5mm幅程の細切りにする。
2. 人参、生しいたけ、水にさらしたたけのこは、5㎝ぐらいの細切りに。ニラは5cmの長さに切る。
3. 春雨と乾燥キクラゲを水で戻し、キクラゲは細切りに、春雨は食べやすい大きさに切る。
4. 熱したフライパンにチャイナ・オイル、ゴマ油を敷き、豚肉を炒める。
5. 豚肉に火が通ったら、人参、たけのこ、生しいたけ、キクラゲ、春雨、ニラの順に加えながら炒め合わせる。ニラがしんなりしたらAの合わせ調味料を加えて混ぜ、水溶き片栗粉を加え、とろみをつける。
6. 5をバットに広げて冷まし、10等分に筋を入れておく。
7. 薄力粉に水大さじ1/2を加えて練り、のりを用意しておく。
8. 春巻きの皮を角が手前にくるように広げ、6の具を1/10量取り出してから、皮の上に細長くのせる。まず手前からひと巻きして左右を折り、さらにひと巻きする。このとき、皮の縁にのりをたっぷりぬってとめる。残りも同様に包む。
9. サラダ油を170℃に熱して8を入れ、皮が香ばしくパリッとするまで中火で7〜8分揚げる。

PRING
OLLOS

材料〔4人分〕

豚肉 …200g
人参 …1/2本
ニラ …半束
たけのこ …200g
生しいたけ …4枚
春雨 …40g
乾燥キクラゲ …10g
水溶き片栗粉 …適宜
チャイナ・オイル[P100参照] …適宜
ゴマ油 …適宜

A
砂糖 …大さじ2
こい口醤油 …大さじ2
酒 …大さじ2
みりん …大さじ1
ゴマ油 …適宜
市販のオイスターソース …小さじ2
チキンスープ[P94参照] …200cc

薄力粉(のり用) …大さじ1
春巻きの皮 …1袋(10枚)
サラダ油(揚げ) …適宜

エネルギー	タンパク質	脂質	炭水化物
413kcal	16.7g	13.9g	54.5g
食物繊維	カルシウム	鉄	ビタミンA
6.0g	44mg	2.3mg	163μg
ビタミンD	ビタミンB_1	ビタミンB_2	
2.4μg	0.46mg	0.27mg	
ビタミンC	食塩		
8mg	1.7g		

どんぶりとごはん
Donburi & Rice Dishes

1品でもボリューム感たっぷりのどんぶりやご飯ものは、忙しい時にもパパッと作って腹ペコキッズたちに出せる手軽さが魅力。栄養のバランスを調えたい時やカロリーをアップさせたい時には、サブメニューとして野菜料理や一品おかずをプラスするといいでしょう。

SINGAPORE CHICKEN RICE

シンガポールチキンライス

レンジだけで簡単に作れるシンガポールチキンライスは、見た目にもボリュームたっぷりのスピードメニュー。鶏肉で上質なたんぱく質をしっかり摂取できるうえ、味付けご飯に麦を加えれば栄養価もさらにアップします。

材料〔3人分〕

鶏もも肉　…3枚
塩、こしょう　…適宜
紹興酒（日本酒でもOK）　…100cc

米　…3合
チャイナ・オイル[P100参照]　…大さじ1
うす口醤油　…大さじ1

きゅうり（細切り）　…1/2本
サラダセロリ　…1パック（50g）
オクラ　…3本
糸唐辛子　…適宜

グアムソース[P101参照]

作り方

1. 鶏もも肉に塩、こしょうをしておく。
   きゅうり、サラダセロリは薄切りにする。
   オクラはヘタをとり、お湯で軽く茹で、縦半分に切っておく。

2. 耐熱ボウルに鶏もも肉、紹興酒を入れ、
   レンジ（600wで7〜8分）で火を通す。
   取りだして鶏もも肉とスープを分け、スープを冷ます。

3. 炊飯器に、といだ米と2のスープ、チャイナ・オイル、うす口醤油を入れる。
   炊飯器の釜の目盛り（3合）に合わせて水を足して炊く。

4. 炊き上がった3に2の鶏もも肉を入れ、保温の熱で温める。

5. 10〜20分程度たったら、4から鶏もも肉を取り出して、
   食べやすい大きさに切る。

6. 器にご飯と5をのせ、オクラ、きゅうり、サラダセロリを盛り合わせ、
   上に糸唐辛子をのせ、グアムソースを添える。

エネルギー	タンパク質	脂質	炭水化物	食物繊維
974kcal	41.7g	33.4g	115.9g	2.0g
カルシウム	鉄	ビタミンA	ビタミンD	ビタミンB_1
44mg	1.8mg	94μg	0.8μg	0.29mg
ビタミンB_2	ビタミンC	食塩		
0.36mg	11mg	2.6g		

GOLDEN FRIED RICE

パラパラ黄金チャーハン

おいしいチャーハンを家庭でも上手に作るプロのコツをご紹介。調味料や材料を先にボールで混ぜ合わせてから炒めると、ムラなく、ダマなく、ご飯もパラパラに！お弁当メニューとしても活用していただけます。

FRIED RICE.

エネルギー	タンパク質	脂質	炭水化物	食物繊維	カルシウム	鉄
860kcal	25.6g	29.6g	115.4g	1.3g	58mg	2.1mg

ビタミンA	ビタミンD	ビタミンB1	ビタミンB2	ビタミンC	食塩
114μg	1.6μg	0.48mg	0.45mg	11mg	2.1g

材料〔2人分〕

チャーシュー …70〜100g
卵 …3コ
ネギ(何ネギでもOK) …適宜
醤油 …小さじ1〜2
サラダ油 …適宜
ごはん …2合
ネギ油[P100参照] …適宜
※ゴマ油でもOK

作り方

1. チャーシューは4mm角に切る。
ネギはみじん切りにしておく。

2. ボウルに温かいごはんを入れる。

3. フライパンにサラダ油を敷いて熱し、
卵を入れてかきまぜ、半熟状態で、
ごはんのボウルへ入れる。

4. 1を3に入れ混ぜる。

JUST MIX ALL THE INGREDIENTS IN THE BOWL!

5. 全体に卵が行きわたれば
フライパンに戻し、パラパラになるまで中火で焼く。
※レードル(お玉)の裏でやさしくほぐす。

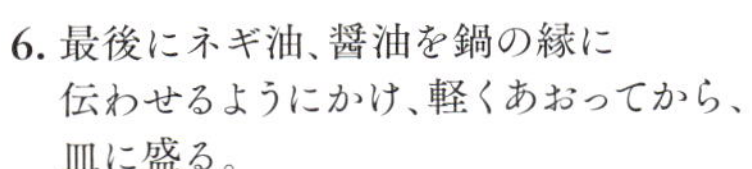

6. 最後にネギ油、醤油を鍋の縁に
伝わせるようにかけ、軽くあおってから、
皿に盛る。

昨夜のポトフカレー

LEFTOVERS POT-AU-FEU CURRY

P84でご紹介の「ゴロゴロ野菜のポトフ」を活用したカレー。たくさんポトフを作って余ったら、翌日はそれをそのままカレーにリメイク。野菜やチキンスープの旨味が一晩寝かせたことでさらに凝縮され、コクのあるマイルドなカレーに仕上がります。

材料〔3人分〕

牛肉　…300g
タマネギ　…1コ
ポトフ[P84参照]の残り　…適宜
ガーリックオイル[P100参照]　…適宜
カレー粉　…適宜
チキンスープ[P94参照]　…400~600cc
ガラムマサラ、クミンなど
好みのカレースパイス　…適宜
ごはん　…適宜

作り方

1. 余ったポトフをミキサーでペースト状にする。

2. 鍋にガーリックオイルを敷き、牛肉を炒める。火が通ったら一度取り出す。

3. 2の鍋にガーリックオイルを再び敷き、くし切りにした玉ねぎを炒める。
火が通ったら1と2の牛肉を加え、混ぜ合わせる。

4. 3にチキンスープを入れ味の濃さを整え、煮立たせる。

5. 4にカレー粉を入れ、味を調える。
※カレースパイスを入れるとより本格的になる。

6. 皿にごはんを盛り、その上に5をかける。

エネルギー	タンパク質	脂質	炭水化物	食物繊維	カルシウム	鉄	ビタミンA	ビタミンD	ビタミンB_1	ビタミンB_2	ビタミンC	食塩
872kcal	28.3g	24.8g	126.5g	3.6g	77mg	3.7mg	116μg	0.0μg	0.20mg	0.26mg	10mg	0.1g

キンピラ
ライスバーガー

おかずとご飯を1つにまとめたライスバーガーは、おにぎりだけじゃちょっと物足りない…という時に重宝なテイクアウト・メニュー。フライパンでカリッと香ばしく表面を焼き上げたご飯に、きんぴらごぼう、牛肉炒めやサラダ菜など、ボリュームたっぷりにサンドして。

材料〔4人分〕

牛肉（薄切り） …300g
塩、こしょう …適宜

ごぼう …1〜2本
人参 …1/3本
ガーリックオイル[P100参照] …適宜
醤油 …大さじ1
Ucky's万能ソース［P101参照］ …50g

ごはん …1合
グリーンリーフ …適宜
マヨネーズ …適宜

作り方

1. 牛肉は塩、こしょうをしておく。
ごぼうは細切りにして、
水にさらしてアクを抜く。
人参は細切りにしておく。

2. フライパンにガーリックオイルを敷き、
1のごぼう、人参をしんなりするまで炒め、
一度取り出す。

3. 同じフライパンに再びガーリックオイルを敷き、
1の牛肉を炒める。

4. 2をフライパンに加え
Ucky's万能ソース、醤油を入れ、
味を調え、取り出す。

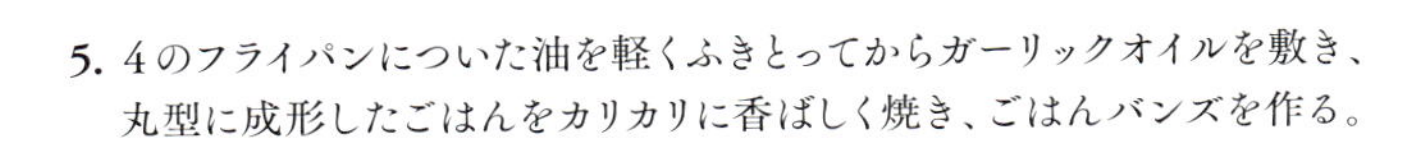

5. 4のフライパンについた油を軽くふきとってからガーリックオイルを敷き、
丸型に成形したごはんをカリカリに香ばしく焼き、ごはんバンズを作る。

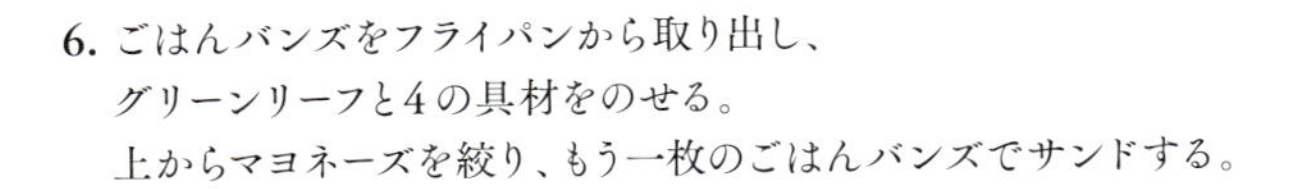

6. ごはんバンズをフライパンから取り出し、
グリーンリーフと4の具材をのせる。
上からマヨネーズを絞り、もう一枚のごはんバンズでサンドする。

エネルギー	タンパク質	脂質	炭水化物	食物繊維	カルシウム	鉄
781kcal	18.9g	38.3g	84.4g	3.6g	37mg	2.5mg

ビタミンA	ビタミンD	ビタミンB1	ビタミンB2	ビタミンC	食塩
90μg	0.0μg	0.13mg	0.22mg	4mg	2.1g

KINPIRA BEEF RICE BURGER

MAGURO SUSHI DONBURI

マグロの漬けすし丼

おかずの存在感がちょっと物足りないな…と感じる時は、ご飯をどんぶり物にしてボリューム感と栄養価をアップさせるのも一つの方法です。マグロだけでなく、かつお、アジなど好みのお刺身で作ってみては。

材料〔2人分〕

漬けたれ
醤油　…大さじ1
酒　…大さじ1.5
みりん　…大さじ1

刺身用マグロ
(かつおでもOK)　…200g

すし酢
米酢　…100cc
砂糖　…大さじ5.5
塩　…小さじ2.5
こぶ茶　…小さじ2.5
※合わせておく

ごはん　…3合
刻み海苔　…適宜
ごま　…適宜
スプラウト　…適宜

作り方

1. 鍋に酒とみりんを入れ、弱火でゆっくりアルコールを飛ばし、軽く煮詰め、醤油を加える。

2. 冷ました1に刺身用マグロを入れ、10〜15分漬けておく。

3. ボウルに炊きたてごはんを入れ、
すし酢を少しずつかけながら切るように混ぜ合わせる。※好みの味に調整する。

4. どんぶりに3を入れ、2のマグロをのせ、
刻み海苔、ごま、スプラウトを添える。

エネルギー	タンパク質	脂質	炭水化物	食物繊維	カルシウム	鉄
648kcal	28.0g	2.1g	122.2g	1.3g	36mg	2.2mg

ビタミンA	ビタミンD	ビタミンB_1	ビタミンB_2	ビタミンC	食塩
13μg	4.8μg	0.20mg	0.13mg	1mg	3.8g

TERIYAKI DONBURI

照り焼きどんぶり

鶏ももの照り焼きと青菜、卵、ご飯と、
栄養のバランス的にも優秀なメニュー。
プリプリとした食感の鶏肉と香ばしい
テリヤキ風味のタレで、ご飯もどんどん
進みます。野菜ギライの子どもも、気が
つけばペロリと平らげているかも。

材料〔2人分〕

鶏もも肉 …2枚
塩、こしょう …適宜
薄力粉 …適宜
ガーリックオイル[P100参照] …適宜
Ucky's万能ソース[P101参照] …100cc

卵 …2コ
水溶き片栗粉 …小さじ1
塩(卵焼き用) …ひとつまみ
サラダ油 …適宜

小松菜 …1/3束
※季節の青菜を使う。

作り方

1. 鶏もも肉に塩、こしょうし、薄力粉をまぶす。

2. 小松菜はお湯でさっと茹で、
水を切り、3cmの長さに揃えて切る。

3. フライパンにガーリックオイルを敷き、
1の鶏もも肉を皮の方から入れ、中火で焼く。

4. 両面がきつね色になったら、
Ucky's万能ソースをかけながら火を通す。

5. テフロンのフライパンに薄くサラダ油を敷き、
卵、塩、水溶き片栗粉を混ぜ合わせたものを
出来るだけ薄く流し入れる。

6. 焼き色がつかないように片面のみ焼いた5を、
まな板に取り出し、細く切る。

7. 炊いたごはんをどんぶりに盛り、
一口大に切った4をのせ、2、6を添える。
上から4で余ったソースをかける。

エネルギー	タンパク質	脂質	炭水化物	食物繊維	カルシウム	鉄
966kcal	38.1g	42.6g	98.1g	1.5g	54mg	2.6mg

ビタミンA	ビタミンD	ビタミンB1	ビタミンB2	ビタミンC	食塩
223μg	1.5μg	0.26mg	0.52mg	13mg	3.4g

MELTY EGG OMELETTE RICE

とろとろオムライス

半熟のトロトロ卵をチキンライスのリングの中に入れ、崩しながら食べるユニークなスタイルのオムライス。見るからにおいしそうな卵の黄色が食欲をそそります。子どもにも大人にも大好評のシェフ一押し自信作です。

材料〔2人分〕

チキンライス
鶏肉　…100g
玉ねぎ　…1/4コ
人参　…1/3本
セロリ　…1/2本
ケチャップ　…大さじ5.5
お好みソース（とんかつ）　…大さじ2
バター　…40g
醤油　…小さじ2
塩、こしょう　…適宜
ガーリックオイル
［P100参照］　…適宜
温めたごはん　…2膳

とろとろ卵
卵　…1コ
塩　…ひとつまみ
砂糖　…ひとつまみ
サラダ油　…小さじ1

エネルギー	タンパク質	脂質	炭水化物	食物繊維	カルシウム	鉄
851kcal	17.7g	30.8g	119.1g	3.0g	83mg	2.4mg

ビタミンA	ビタミンD	ビタミンB_1	ビタミンB_2	ビタミンC	食塩
383μg	1.5μg	0.17mg	0.41mg	10mg	5.6g

作り方

CHEF'S RECOMMENDATION!

1. 鶏肉は塩、こしょうをひとつまみ程度ふりかけておき、1cm角の大きさに切る。玉ねぎと人参、セロリはみじん切りにする。

2. 熱したフライパンにガーリックオイルを敷き、中火で鶏肉を焼く。7割程火を通したら、ボウルに取り出す。

3. 同じフライパンにバターを敷き、玉ねぎを入れ、しんなりするまで炒める。さらに人参、セロリを加え、火が通ったら、1と同じボウルに入れ、温めたごはんを入れる。

4. 3に、ケチャップ、お好みソース、塩、こしょう、醤油を入れ混ぜ合わせ、味を調える。

5. フライパンに4を入れ中火で炒め、火が通ったら皿に盛る。

6. ボウルに卵、塩、砂糖を混ぜ合わせる。熱したフライパンにサラダ油を敷き、卵を流し入れて混ぜ、卵が固まりはじめたら、火を止め、余熱で混ぜながら、とろとろにする。

7. 皿に盛り付けたチキンライスの中央にくぼみを作り、とろとろ卵を入れ完成。

ザーサイごはん［P69］

ボンゴレごはん［P68］

ホタテコーンごはん［P69］

牛ごぼうごはん[P69]

じゃこ卵ごはん[P69]

ベーコンおかかごはん[P68]

うめしそごはん[P68]

ボンゴレごはん

ごはん …2合
あさり(殻付き) …400g
酒 …200cc
しめじ …1/2パック
ガーリックオイル
[P100参照] …適宜
バター …適宜
イタリアンパセリ …適宜
塩 …小さじ1/2

1. 熱したフライパンにあさりと酒を入れ蓋をし、強火で熱する。
あさりの殻が開いたら取り出して、
粗熱をとってから身をはずす。
しめじは石づきを切り落とし、手でほぐす。
2. 熱したフライパンにガーリックオイルを敷き、
1を入れて炒め、火が通ったら仕上げにバターを入れる。
3. ボウルにごはん、2と刻んだイタリアンパセリを入れ
混ぜ合わせて、塩で味を調える。

エネルギー	タンパク質	脂質	炭水化物	食物繊維	カルシウム	鉄
214kcal	6.3g	3.4g	38.1g	0.9g	41mg	2.3mg

ビタミンA	ビタミンD	ビタミンB1	ビタミンB2	ビタミンC	食塩
12μg	0.1μg	0.05mg	0.13mg	1mg	1.3g

うめしそごはん

ごはん …2合
うめ …1〜2コ
大葉 …4〜5枚
こんぶ …1枚 10cm角
じゃこ …60g

1. うめの種を取り実を粗く刻む。
2. 大葉は細切りにする。
3. こんぶはお湯で戻し、細切りで食べやすい大きさに切る。
4. ボウルにごはん、1、3、じゃこを入れて、
混ぜ合わせ、2を添える。

エネルギー	タンパク質	脂質	炭水化物	食物繊維	カルシウム	鉄
179kcal	4.5g	0.4g	37.4g	0.4g	24mg	0.2mg

ビタミンA	ビタミンD	ビタミンB1	ビタミンB2	ビタミンC	食塩
18μg	3.9μg	0.03mg	0.02mg	0mg	0.9g

ベーコンおかかごはん

ごはん …2合
ベーコン …2枚
かつお節 …パックの1袋
醤油 …小さじ1
砂糖 …小さじ1
マヨネーズ …大さじ2
ブロッコリースプラウト …適宜

1. ベーコンは5mm幅に切り、
マヨネーズを加えて熱したフライパンで軽く炒める。
2. かつお節、醤油、砂糖は混ぜ合わせておく。
3. 1、2を混ぜ合わせ、ごはんにトッピングする。
上にブロッコリースプラウトを添える。
※ごはんに1、2を混ぜ合わせても美味しい。

エネルギー	タンパク質	脂質	炭水化物	食物繊維	カルシウム	鉄
201kcal	3.9g	3.1g	37.7g	0.3g	4mg	0.2mg

ビタミンA	ビタミンD	ビタミンB1	ビタミンB2	ビタミンC	食塩
1μg	0.1μg	0.06mg	0.02mg	3mg	0.4g

MIXED RICE BALL A LA CARTE

まぜごはんおにぎりアラカルト

白いご飯だけだと、なかなか食が進まない…そんな時は、シェフ浮田が研究に研究を重ねた混ぜご飯コレクションをぜひお試しあれ。和・洋・中のあらゆる料理を知り尽くしたシェフならではの食材の組み合わせや味付けは、どれも子どもたちを魅了するものばかり。おにぎりにすることもできるから、試合の時のお弁当にもぴったりです。

牛ごぼうごはん

ごはん …2合
牛肉（細切り） …200g
ごぼう …1/2本
醤油 …大さじ2
酒 …大さじ2
みりん …大さじ2
砂糖 …50g
万能ねぎ …適宜
サラダ油 …適宜

1. ごぼうはささがきにして水にさらし、ザルにあげ水気を切る。
2. 熱したフライパンにサラダ油を敷き、牛肉を入れて炒める。
3. 2に火が通ってきたら、1を入れ、酒、みりん、砂糖、醤油で味を調える。
4. 煮汁がなくなったら火を止める。
5. ボウルにごはん、4を入れ、混ぜ合わせる。上から万能ねぎを添える。

エネルギー	タンパク質	脂質	炭水化物	食物繊維	カルシウム	鉄
279kcal	9.0g	5.0g	47.4g	1.2g	14mg	1.1mg

ビタミンA	ビタミンD	ビタミンB1	ビタミンB2	ビタミンC	食塩
3μg	0.0μg	0.06mg	0.10mg	1mg	0.8g

じゃこ卵ごはん

ごはん …2合
じゃこ …60g
卵 …2コ
塩 …ひとつまみ
砂糖 …大さじ2.5
サラダ油 …適宜
刻み海苔 …適宜

1. 卵、塩、砂糖を混ぜ合わせる。
2. 熱したフライパンにサラダ油を敷き、1を入れて炒り卵をつくる。
3. ボウルにごはん、2、じゃこを入れ、混ぜ合わせる。好みで刻み海苔を散らす。

エネルギー	タンパク質	脂質	炭水化物	食物繊維	カルシウム	鉄
230kcal	7.7g	3.2g	40.3g	0.3g	55mg	0.4mg

ビタミンA	ビタミンD	ビタミンB1	ビタミンB2	ビタミンC	食塩
42μg	5.5μg	0.05mg	0.08mg	0mg	0.9g

ザーサイごはん

ごはん …2合
ザーサイ …60g
ゴマ油 …適宜
醤油 …小さじ1
砂糖 …大さじ2.5
針生姜 …適宜
万能ねぎ …適宜

1. ザーサイを適当な大きさに刻む。
2. 熱したフライパンにゴマ油を敷き、1、醤油、砂糖を入れ、軽く炒める。
3. ボウルにごはんと2を入れ、混ぜ合わせる。
4. 仕上げに針生姜と刻んだ万能ねぎを散らす。

エネルギー	タンパク質	脂質	炭水化物	食物繊維	カルシウム	鉄
199kcal	2.8g	2.0g	40.8g	0.7g	17mg	0.4mg

ビタミンA	ビタミンD	ビタミンB1	ビタミンB2	ビタミンC	食塩
3μg	0.0μg	0.03mg	0.02mg	1mg	1.3g

ホタテコーンごはん

ごはん …2合
ホタテ …100g
コーン …小1缶
バター …30g
塩、こしょう …適宜
イタリアンパセリ …適宜

1. 熱したフライパンにバターを敷き、ホタテと水気を切ったコーンを入れ、炒める。
2. ボウルにごはんと1を入れ、混ぜ合わせる。
3. 塩、こしょうで味を調える。上からイタリアンパセリを添える。

エネルギー	タンパク質	脂質	炭水化物	食物繊維	カルシウム	鉄
218kcal	4.7g	4.0g	39.1g	0.6g	7mg	0.5mg

ビタミンA	ビタミンD	ビタミンB1	ビタミンB2	ビタミンC	食塩
26μg	0.0μg	0.03mg	0.06mg	1mg	0.7g

麺とパスタ

Noodles & Pasta

うどんや中華麺、パスタなど、消化吸収の良い麺類は即効性のあるパワーチャージ源。体の中ですぐにエネルギーに変わるので、ハードな練習や試合の前にはスタミナ切れ予防策として麺やパスタを食べるのがおすすめです。そして激しい運動の後には、肉類などたんぱく質をしっかり摂って筋肉をケアしておきましょう。

HOME MADE RAMEN

おうちラーメン

お店で食べるこってり豚骨ラーメンもおいしいけれど、アスリートの日々の食卓にふさわしいのは、脂肪分の少ないヘルシーなラーメン。コラーゲンがたっぷり溶け込んだチキンスープとかつお出汁を合わせれば、毎日でも食べたくなるあっさり・旨味たっぷりのラーメンが簡単に作れます。

材料〔2人分〕

スープ
チキンスープ[P94参照]　…200cc
出汁[P90参照]　…200cc
みりん　…大さじ2
うす口醤油　…大さじ2

煮卵
卵　…2コ
醤油　…大さじ1
みりん　…大さじ1
砂糖　…小さじ1.5

チャーシュー　…6～8枚
ねぎ　…適宜
麺　…2人分

作り方

1. 卵は室温に戻しておく。

2. 湯が沸騰したらお玉でそっと卵を入れ、
中火～強火で6～7分茹でる。

3. 2の湯を捨て、すぐに冷水で卵を冷やしたら、殻をむく。

4. 鍋に醤油、みりん、砂糖を入れひと煮立ちしたら、火を止め、冷ます。

5. ジップロックに4と3を入れて、まんべんなく液が卵に浸るようにして、冷蔵庫で一晩寝かす。

6. 鍋にスープの材料を入れ、一煮立ちする。

7. 麺は別鍋で茹でておく。

8. 器に6を注ぎ、7を入れ、麺を軽くほぐしてから、5の煮卵、チャーシュー、ねぎを上に乗せる。

エネルギー	タンパク質	脂質	炭水化物	食物繊維	カルシウム	鉄	ビタミンA	ビタミンD	ビタミンB1	ビタミンB2	ビタミンC	食塩
545kcal	28.0g	10.7g	76.2g	3.0g	431mg	2.2mg	76μg	1.2μg	0.51mg	0.37mg	12mg	5.0g

CHICKEN PHO

チキンのフォー

いつもの麺に飽きたら、アジアンテイストのフォーがおすすめ。消化吸収抜群の米麺はツルツルと喉越しもよく食べやすいから、食欲のないときに最適。菊菜やコリアンダーなど野菜も生のままたっぷり乗せて、ヘルシーにいただけます。

材料〔2人分〕

スープ
チキンスープ
[P94参照] …300g
出汁[P90参照] …100g
みりん …大さじ2
うす口醤油 …大さじ1
塩 …小さじ1

チキンスープに使った手羽肉 …200g
サラダセロリorコリアンダー …40g
菊菜 …1/4束
ナンプラー …大さじ2
塩、こしょう …適宜
チャイナ・オイル
[P100参照] …適宜

ライスヌードル …2人分
三つ葉 …適宜
ラー油 …適宜

作り方

1. チキンスープに使った手羽肉をほぐす。
2. 鍋にスープの材料を入れ、一煮立ちさせる。
3. ボウルにナンプラー、塩、こしょう、チャイナ・オイルを入れ、1、サラダセロリ、菊菜を入れ軽く混ぜ合わせる
※のせる直前にあえる。
4. 別鍋でライスヌードルを茹でる。
5. 器に2を注ぎ、4を入れ、3を上にのせて、三つ葉を添え、ラー油を好みでかける。

エネルギー	タンパク質	脂質	炭水化物	食物繊維	カルシウム	鉄	ビタミンA	ビタミンD	ビタミンB1	ビタミンB2	ビタミンC	食塩
629kcal	19.8g	14.0g	97.8g	2.7g	485mg	1.5mg	157μg	0.2μg	0.13mg	0.16mg	10mg	6.2g

SALTY FLIED NOODLE

塩焼きそば

豚やエビなどのたんぱく質、人参、小松菜などの野菜と、具材たっぷりでボリューム満点の塩焼きそば。冷蔵庫の中の残り野菜やお肉、魚介を使って簡単に作れるから、あともう一品欲しい時のメニューに最適です。

材料〔2人分〕

豚バラ肉　…150g
ゴマ油　…適宜
チャイナ・オイル［P100参照］　…適宜
人参　…1/4本
玉ねぎ　…1/4コ
小松菜　…半束
乾燥キクラゲ　…5g
塩、こしょう　…適宜
エビ（塩茹で）　…6匹
そば（ゆで）　…3人前

作り方

1. 豚バラ肉は、一口大に切っておく。
エビは頭と殻を取り除き、
背わたを取って、塩茹でしておく。
人参は短冊切り、玉ねぎはくし切り、
小松菜はざく切りにしておく。
乾燥キクラゲは水に20分ほど
浸けて戻し、水気を絞って、
食べやすい大きさに切る。

2. フライパンにゴマ油、
チャイナ・オイルを敷き、
豚バラ肉を入れ、炒めて一度取り出す。

3. 同じフラパンでゴマ油、
チャイナオイルを敷き、
人参、玉ねぎ、小松菜、キクラゲを炒める。

4. 3に、そばを入れ、ほぐしながら焼き、
2を入れ、塩、こしょうで味を調え、
さらに軽く混ぜ合わせながら炒める。
皿に盛り、エビや青み（イタリアンパセリ、パクチーなど）を飾る。

エネルギー	タンパク質	脂質	炭水化物	食物繊維	カルシウム	鉄	ビタミンA	ビタミンD	ビタミンB1	ビタミンB2	ビタミンC	食塩
745kcal	30.6g	34.2g	72.1g	6.2g	806mg	3.9mg	233μg	2.5μg	0.51mg	0.24mg	28mg	2.2g

牛肉うどん

牛肉とキャベツという身近な食材を活用して作る新感覚の肉うどん。味のポイントはバターで炒めたキャベツ。うどんだしにふわりとバターが香り、味わいを豊かに広げてくれます。うどんの他、ご飯にのせてもおいしくいただけます。

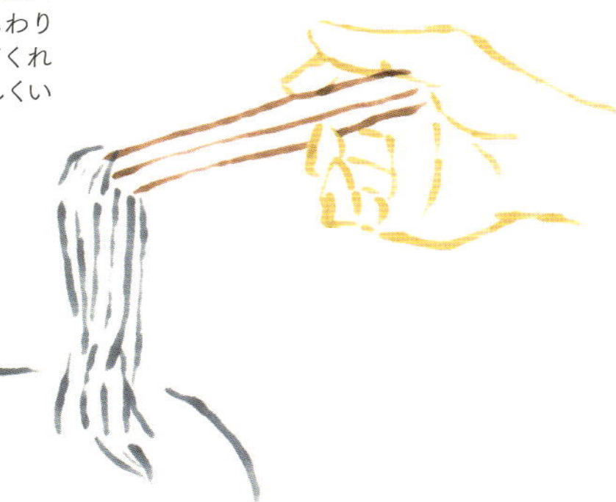

材料〔2人分〕

牛肉薄切り　…200g
ネギ油[P100参照]　…適宜

ソース ※下記を混ぜ合わせておく
Ucky's万能ソース［P101参照］　…80cc
アップルヴィアンドソース[P101参照]　…20cc

水溶き片栗粉　…適宜

キャベツ　…1/4コ
バター　…40g
塩、こしょう　…適宜

うどん　…2人分

うどん出汁
出汁[P90参照]　…400g
みりん　…大さじ2
うす口醤油　…大さじ1.5

白髪ねぎ　…適宜
万能ねぎ　…適宜
糸とうがらし　…適宜

作り方

1. 牛肉薄切りは、一口大に切る。キャベツは千切りにしておく。

2. 熱したフライパンにバターを敷き、キャベツを入れ、塩、こしょうをして、中火で炒める。

3. 2のキャベツに火が通ったら、ネギ油を敷き、1の牛肉を入れて炒める。
火が通ったらソースを入れ、絡めながら炒める。最後に水溶き片栗粉を加え、とろみが出たら火を止める。

4. うどん出汁をつくる。鍋に出汁、みりん、うす口醤油を入れ、一煮立ちさせる。

5. 別鍋でうどんを茹でておく。

6. 器に4のうどん出汁をはり、
5のうどんを入れ、
3をトッピングする。
上に白髪ねぎ、万能ねぎ、
糸とうがらしを添える。

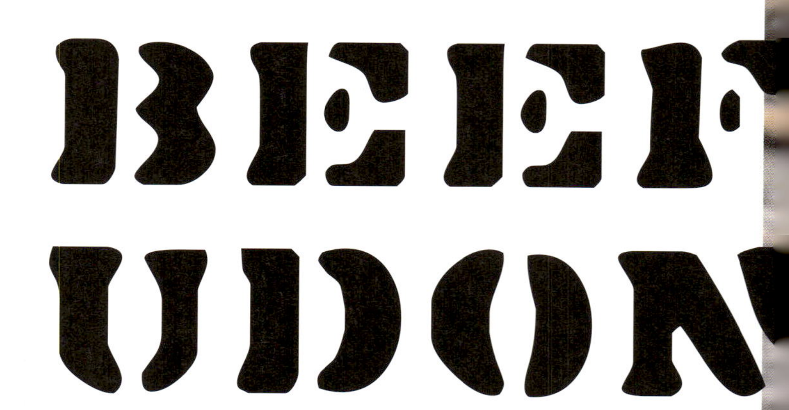

エネルギー	タンパク質	脂質	炭水化物	食物繊維	カルシウム	鉄	ビタミンA	ビタミンD	ビタミンB1	ビタミンB2	ビタミンC	食塩
729kcal	23.3g	43.6g	55.7g	3.7g	560mg	3.3mg	116μg	0.1μg	0.19mg	0.28mg	47mg	3.2g

MEAT SAUCE PASTA

ミートソースのパスタ

材料〔8〜10人分〕

牛ミンチ（豚、合挽きでもOK） …1kg
玉ねぎ …3コ
人参 …1本
セロリ …1本
ガーリックオイル［P100参照］ …適宜
塩、こしょう …適宜
日本酒 …100cc
トマト缶 …3缶
タイム、ローリエ …適宜
ケチャップ …120g
トンカツソース …100g
醤油 …50g
砂糖 …10g
パスタ …200〜250g
パルメザンチーズ …適宜
イタリアンパセリ …適宜

作り方

1. 玉ねぎ、人参、セロリはみじん切りにしておく。

2. 熱した鍋にガーリックオイルを敷き、牛ミンチを炒める。

3. 2に玉ねぎ、人参、セロリを入れさらに炒め、塩、こしょうする。

4. 3に日本酒を入れ、一煮立ちさせたら、トマト缶、タイム、ローリエを入れ、半分まで煮詰めていく。

5. 4にケチャップ、トンカツソース、醤油、砂糖を入れ、味を調える。

6. 別鍋にたっぷりの湯を沸かし、塩（分量外）を入れ、パスタを茹でる。

7. パスタが茹で上がったら湯を切り、皿に盛って、あたためた5をかける。上から好みでパルメザンチーズ、イタリアンパセリを散らす。

エネルギー	タンパク質	脂質	炭水化物	食物繊維	カルシウム	鉄	ビタミンA	ビタミンD	ビタミンB_1	ビタミンB_2	ビタミンC	食塩
878kcal	35.1g	37.4g	91.9g	4.8g	883mg	5.1mg	175μg	0.1μg	0.36mg	0.35mg	11mg	3.1g

子どもたちの大好物、ミートソースのスパゲッティ。シンプルながらも奥深い味わいはまさにパスタの王道。ミートソースは冷凍もできるので、たっぷり仕込んでおくと色々な料理に使えて便利です。ホワイトソースと合わせてライスグラタンやラザニアなどにも展開できます。

いわしのパスタ

脳の発達を促すと言われるDHAやカルシウムたっぷりのイワシも、お魚だけだとなかなか子どもに食べてもらえません。そこで、こんなオイルソースのパスタにしてみてはいかがでしょう。トマトや水菜などの野菜もあしらえば、ヘルシーな一皿の出来上がり。

材料〔2人分〕

いわし 小　…10匹
ガーリックオイル [P100参照]　…適宜
にんにく　…1片
プチトマト　…10〜15コ
日本酒or白ワイン　…100cc
黒こしょう、パルメザンチーズ　…適宜
バター　…30g
パスタ　…200〜250g
水菜（5cmに切っておく）　…20g

作り方

1. いわしは頭と内臓を取り、腹から開いて中骨を抜いておく。
にんにくはみじん切りにしておく。プチトマトは半分に切っておく。

2. フライパンにガーリックオイル 、にんにくのみじん切りを入れ、火にかける。

3. にんにくがきつね色になったら、1のいわしを入れて焼く。

4. 別鍋にたっぷりの湯を沸かし、塩（分量外）を入れ、パスタを茹で始める。

5. 3のいわしに火が通ったら、日本酒を入れて煮詰め、水分がなくなったらプチトマトを入れる。

6. プチトマトの皮がむけてきたら、茹で上がったパスタを入れて、よくソースにからめる。

7. 火を止め、バターを少しずつ入れ、フライパンをゆすってとろみをつける。
さらに茹で汁（50cc程度）を加えて炒める。

8. 皿に7を盛り、水菜をのせ、黒こしょうとパルメザンチーズをかける。

エネルギー	タンパク質	脂質	炭水化物	食物繊維	カルシウム	鉄
832kcal	34.7g	33.2g	91.8g	6.5g	829mg	3.7mg

ビタミンA	ビタミンD	ビタミンB1	ビタミンB2	ビタミンC	食塩
143μg	25.7μg	0.35mg	0.49mg	22mg	0.7g

栄養満点スープ
Rich Nutrition Soup

ひと皿のスープの中には、たくさんの食材の豊富な栄養素が溶け込んでいます。世界各国のスープや日本の汁物は、最も効率よく栄養が摂れる料理のひとつ。目覚めの朝食や食欲のない日、冬の練習で体が冷え切ったときに。じんわり染み入るようなスープの美味しさは、子どもたちの心までも癒してくれます。

RAVIOLI & BEANS TOMATO SOUP

ラビオリ風ビーンズのトマトスープ

スーパーで簡単に手に入るワンタンの皮を使えば、"イタリア風ワンタン"ことラビオリをもっと気軽に楽しむことができます。皮の中身はP32のポークパテ。もっちり、ジューシーな食感は子どもたちも大好物のはず。植物性たんぱく質や繊維質も豊富なミックスビーンズを加え、トマト味のさっぱりとした口当たりのスープに仕立てました。

材料〔4人分〕

ポークパテ[P32参照]　…200g
ワンタンの皮orギョウザの皮　…10枚

チキンスープ[P94参照]　…500cc
ホールトマト缶　…1缶
玉ねぎ　…1/2コ
ミックスビーンズ　…1/2缶（400g）
ガーリックオイル[P100参照]　…適宜
イタリアンパセリ　…適宜
うす口醤油　…小さじ1
塩、こしょう　…適宜

パルメザンチーズ、黒こしょう　…適宜
イタリアンパセリ　…適宜

作り方

1. ワンタンの皮でポークパテを包む。※縁に水をぬってしっかりを口を閉じる

2. 鍋にガーリックオイルを敷き、スライスした玉ねぎを入れ、弱火で炒める。きつね色になったら、ホールトマト缶を刻んで汁ごと入れる。

3. 2の水分が半分になるまで煮詰め、チキンスープ、ミックスビーンズを入れる。

4. 再び沸騰したら、塩、こしょうを入れ、1のワンタンを加える。

5. ワンタンに火が通ったらうす口醤油で味を調える。

6. スープ皿に盛り、パルメザンチーズ、黒こしょうをふりかけ、イタリアンパセリを添える。

エネルギー	タンパク質	脂質	炭水化物	食物繊維	カルシウム	鉄
264kcal	14.7g	12.8g	22.3g	4.4g	102mg	2.5mg

ビタミンA	ビタミンD	ビタミンB_1	ビタミンB_2	ビタミンC	食塩
43μg	0.0μg	0.21mg	0.30mg	8mg	1.6g

オニオングラタンスープ

ONION GRATIN SOUP

私たちプロの料理人は、「アメ色玉ねぎ」と言って、玉ねぎをアメ色になるまで弱火でじっくり炒めたものを作り置きして冷凍保存しておきます。それをスープに入れたり、ソースに加えたりして調味料のように使います。このオニオングラタンスープは、そんなアメ色玉ねぎの旨味を最大限に引き出したシンプルなスープ。チーズとバゲットを乗せてオーブンで焼き上げれば、寒い季節も体が芯から温まります。

材料〔3人分〕

玉ねぎ　…3コ
オリーブオイル　…適宜
チキンスープ[P94参照]　…600cc
塩、こしょう　…適宜
バゲット（スライス）　…2〜3枚
とろけるチーズ　…適宜
パルメザンチーズ　…適宜

作り方

1. 鍋にオリーブオイルを敷き、玉ねぎをアメ色になるまで炒める。そこにチキンスープを入れ、塩、こしょうで味を調え、沸騰したら火を止め、耐熱容器に移す。

2. 1に焼いたバゲットをのせ、とろけるチーズ、パルメザンチーズを上にかける。

3. 200℃のオーブンで10分焼く。※チーズがとろけ、美味しそうな色が付くまで

エネルギー	タンパク質	脂質	炭水化物	食物繊維	カルシウム	鉄
214kcal	10.4g	11.9g	15.5g	1.5g	189mg	1.4mg

ビタミンA	ビタミンD	ビタミンB_1	ビタミンB_2	ビタミンC	食塩
61μg	0.0μg	0.08mg	0.29mg	5mg	1.8g

PRODUCTO

GOROGORO YASAI POT-AU-FEU

ゴロゴロ野菜のポトフ

ポトフはフランスの田舎風煮込み料理ですが、作り方はいたってシンプル。野菜をザクザク切って、チキンスープやかつお出汁でコトコト煮込むだけ。野菜やベーコンの旨味がじんわり滲み出た優しい味わいのスープは、大きなお鍋でたくさん作って、2〜3日は冷蔵保存で楽しめます。野菜ギライの子どもにもオススメです。

材料〔4人分〕

キャベツ　…1/6玉（1玉を1/6に切っておく）
マッシュルーム　…1パック
ベーコン　…300g
ウィンナー　…1袋
じゃがいも　…4コ
人参　…2本
大根　…1/4本
ブロッコリー　…1株
小かぶ　…4コ

タイム、ローリエ　…適宜
チキンスープ[P94参照]
（出汁[P90参照]でもOK）　…800〜1000cc

ガーリックオイル[P100参照]　…適宜
塩、こしょう　…適宜

作り方

1. キャベツ1/6玉は、ばらけないようにつまようじを刺しておく。
じゃがいも、人参、大根は好みの大きさに切る。
小かぶは縦6等分にくし切り、
ブロッコリーは小房に分けておく。

2. フライパンにガーリックオイルを敷き、
ベーコン、ウィンナーを炒めて取り出す。
そこにキャベツ、マッシュルームを入れ軽く炒める。

3. 鍋に2、じゃがいも、人参、大根、を入れ、
チキンスープをかぶるまで注ぐ。
タイム、ローリエを上に乗せてから、
中火でコトコト煮ていく。

4. 3の野菜が柔らかくなったら、ブロッコリー、
小かぶを加え、さらに炊く。

5. 4の野菜すべてに火が通ったら、塩、こしょうをして味を調える。

エネルギー	タンパク質	脂質	炭水化物	食物繊維	カルシウム	鉄
545kcal	19.8g	37.8g	34.9g	7.3g	90mg	2.2mg

ビタミンA	ビタミンD	ビタミンB1	ビタミンB2	ビタミンC	食塩
174μg	0.5μg	0.69mg	0.38mg	184mg	2.2g

野菜のポタージュ

かぼちゃやほうれん草など、季節野菜の旨味をそのまま味わうポタージュスープ。
野菜をミキサーでピューレにし、生クリームで仕立てたまろやかな味わい、
なめらかな舌触りは野菜本来の甘みや香りを優しく引き立ててくれます。

○ほうれん草

材料〔4人分〕

ほうれん草　…1束
玉ねぎ（スライス）　…1コ
生クリーム　…100cc
出汁[P90参照]　…600cc
塩　…適宜
オリーブオイル　…適宜

作り方

1. 鍋にたっぷりの湯を沸かし、
塩適量（分量外：湯の量に対して3%程度）を入れ、
ほうれん草を茹でる。

2. フライパンにオリーブオイルを敷き、火をつける。
玉ねぎを入れ、しんなりするまで炒める。

3. ミキサーに出汁、1、2、を入れて撹拌する。

4. 3を鍋に入れ、弱火で火にかけながら生クリームを加えて混ぜる。
最後に塩で味を調える。

エネルギー	タンパク質	脂質	炭水化物	食物繊維	カルシウム	鉄
138kcal	3.8g	11.0g	7.0g	2.7g	58mg	1.5mg

ビタミンA	ビタミンD	ビタミンB1	ビタミンB2	ビタミンC	食塩
286μg	0.1μg	0.11mg	0.17mg	27mg	1.0g

○かぼちゃ

材料〔4人分〕

かぼちゃ　…1/2コ
玉ねぎ（スライス）　…1コ
牛乳　…400cc
生クリーム　…100cc
水　…500cc
塩　…適宜
オリーブオイル　…適宜

作り方

1. かぼちゃはわたと種を取って皮をむき、
一口サイズに切る。
※かぼちゃはあらかじめラップでくるみ、
600wのレンジで3分加熱しておくと切りやすい。

2. フライパンにオリーブオイルを敷き、火をつける。
スライスした玉ねぎが甘くなるまで炒める。

3. 鍋に1、2、水を入れ、
かぼちゃが柔らかくなるまで煮込む。

4. ミキサーに3を入れて滑らかになるまで撹拌する。
※撹拌しづらい時は、お湯を少しだけ足す。
※ザルなどでこすとより滑らかになる。

5. 4を鍋に入れ、弱火にかけながら、
牛乳、生クリームを加えて混ぜる。
最後に塩で味を調える。
※焦げやすいので注意しながら混ぜる

エネルギー	タンパク質	脂質	炭水化物	食物繊維	カルシウム	鉄
278kcal	6.8g	14.7g	30.3g	4.3g	147mg	0.7mg

ビタミンA	ビタミンD	ビタミンB1	ビタミンB2	ビタミンC	食塩
418μg	0.4μg	0.13mg	0.26mg	48mg	0.9g

VEGETABLE
POTAGE SO

大根みぞれ汁

冬野菜の代表・大根のおいしさが染み渡るお汁物。かつお出汁に大根おろしをたっぷりと入れ、香ばしく焼いたお餅も添えて、お雑煮感覚でいただきます。大根は繊維質も豊富で消化の働きを助けてくれるので、献立のサブメニューとして加えるのがいいですね。また消化もいいので夜食にもぴったりです。

材料〔2人分〕

出汁[P90参照]　…400g
うす口醤油　…大さじ1.5
みりん　…大さじ2

大根　…半分
もち　…2コ
しいたけ　…6コ
三つ葉　…適宜
ごま七味　…適宜

作り方

1. 大根をすりおろし(辛ければ、さっと水にさらす)、軽く水気を絞る。

2. もちは一口大に切り、フライパン又はオーブントースターで焼く。

3. 鍋に出汁、うす口醤油、みりん、
しいたけを入れる。沸騰したら1を加え、さらに煮立たせる。

4. 3を器に入れ、2をのせ、三つ葉、ごま七味を添える。

エネルギー	タンパク質	脂質	炭水化物	食物繊維	カルシウム	鉄
177kcal	3.5g	0.4g	37.0g	1.8g	16mg	0.3mg

ビタミンA	ビタミンD	ビタミンB1	ビタミンB2	ビタミンC	食塩
14μg	0.1μg	0.06mg	0.07mg	5mg	1.4g

DAIKON SOUP

PORK & VEGE MISO SOUP

具だくさん豚汁

根菜やキノコなど種類豊富な季節野菜と豚肉で作る具沢山の豚汁。たくさんの食材をこの1杯のお汁でいただくことができ、ご飯とも相性がいいので日常の献立にぜひ取り入れたい一品です。秋冬料理のイメージがありますが、夏や春の野菜でもおいしく作れます。

材料〔4人分〕

豚バラ肉 …180g
人参 …1/3本
大根 …1/8本
こんにゃく …80g
油あげ …1枚
ごぼう …1/3本
ちくわ …1本
しいたけ …4コ
里いも …3コ

チャイナ・オイル[P100参照] …適宜
ゴマ油 …少々
味噌 …大さじ5〜6
醤油 …小さじ1
みりん …小さじ1

出汁[P90参照] …600cc
青ねぎ …適宜

作り方

1. 豚バラ肉を4cmの長さに切る。
大根、人参はいちょう切り、しいたけはスライス、
ごぼうはささがき、ちくわ、里いもは一口大に切る。

2. こんにゃくは食べやすい大きさに手でちぎって、
水に浸してアクを抜く。

3. 油あげを横半分に切って、1cm幅に切る。

4. 鍋にチャイナ・オイル、ゴマ油を敷き、豚バラ肉を炒め、
1の具材を加えて炒める。

5. 4に出汁を入れて煮る。野菜が柔らかくなったら2、3を入れ、
一煮立ちしてから、みりん、醤油、味噌で味を調える。

6. 器に盛りつけ、青ねぎを添える。

エネルギー	タンパク質	脂質	炭水化物	食物繊維	カルシウム	鉄	ビタミンA	ビタミンD	ビタミンB1	ビタミンB2	ビタミンC	食塩
220kcal	9.0g	13.9g	14.4g	4.2g	59mg	1.4mg	61μg	0.2μg	0.22mg	0.11mg	6mg	2.2g

HOW TO COOK BASIC

かつお節だけでとったシンプルな出汁のコクと旨味を理解できるのは、日本人ならではの繊細な感性です。最近は便利なインスタント出汁も多く出回っていますが、子どもが小さいうちに本物の出汁の味を体験させておくことはとても重要です。味覚がわかり始める3歳〜それが完成される12歳ぐらいまでの間に本物の味を体験しているか、していないかで、その後の味覚の発達が大きく、違ってくるのだそうです。

料理のおいしさを大きく左右する出汁。しかし、良い材料を吟味しさえすれば、出汁を取るのはそんなに難しいことではありません。ここでは、この本の多くのレシピに使われている、ごく基本的で簡単な、おいしい出汁の取り方をご紹介させていただきます。私流のポイントは、かつお節をしっかり煮出すこと。これによってかつお節だけでもコクのある味と風味が引き出せるのです。

出汁は冷蔵庫で4〜5日ぐらいは保存できるので、作れる時に少し多めに作って、ボトルなどに入れて様々な料理に利用してみましょう。

基本の出汁
Basic Dashi

DASHI

材料〔1000cc分〕

かつお節　…35g
水　…1000cc

1. 鍋で湯を沸かす。

2. 1にかつお節を入れ、5分程とろ火にかける。

3. 火を止めて、鍋をそのまま冷ます。

4. ザルにキッチンペーパーを敷いて、漉し取る。

HOW TO COOK **BASIC**

洋風スープの基本となるチキンスープは、フレンチレストランなどでは今も鶏ガラや丸鶏を用いて作っています。しかし家庭では、スーパーでそれらよりずっと安価に手に入る手羽先を使って作ることをおすすめします。作り方は簡単で、大鍋に手羽先をたくさん入れて、水を加え、コトコト時間をかけて煮込むこと。脂を濾し取った澄んだ黄金色のスープは、コラーゲンもたっぷりで成長期の子どもや美容にも最適です。

市販のブイヨンではなく、本物の濃厚なチキンスープの味を、子どもたちにも体験させてあげてください。

チキンスープ
Chicken Soup

CHICKEN SOUP

材料〔1000cc分〕

手羽先　…2kg

水　…1000cc

1. 流水で手羽先の汚れを洗い流し、鍋に入れ水を注ぐ。

2. 強火にかけ、沸騰したら弱火に変える。アクが出てきたらそのつど取る。

3. 脂が浮いてきたらすくい取る。

4. そのまま弱火で2時間ほどコトコト煮る。

5. スープが十分に出たら火を止めてそのまま冷まし、ザルで漉し取る。

6. 冷めたらゼリー状に固まるので、上澄みの脂を取り去り、器に入れ保存する。
※冷蔵は4～5日保存可能。　※冷凍する場合は製氷皿に入れると使いやすい。

スープを取ったあとの
手羽先を使った1品メニュー

手羽先の甘煮

5でスープを濾し取った手羽先を鍋に入れて火にかけ、醤油、砂糖、みりんなどと絡めて甘煮に。火が通っているからさっと調味料を絡めて煮詰めるだけでOK。ご飯のおかずやお弁当、お酒のアテにもぴったり！

HOW TO COOK BASIC

万能ソースとオイル＆ドレッシング
Sauce, Oil & Dressing

家庭にあるソースや調味料といえば、醤油、ソース、ケチャップ、マヨネーズ…といったものが定番です。しかし、私の場合はそれらに加えていろいろな調味料やハーブ、オイル、薬味野菜などを使った常備ソースとドレッシングを用意しています。これらがあれば、料理の味付けに迷うことがありません。料理の仕上げにさっとかけたり、肉の仕込みに使ったり、様々な使い方で料理の味わいをワンランク・アップさせてくれる強い味方です。この本の中でもたくさんの料理に使われていますので、ぜひ皆さんもレパートリーの一つとして加えてみられてはいかがでしょうか。

China Oil
チャイナ・オイル（ネギ生姜ソース）
…P100

Ucky's Perfect Sauce
Ucky's万能ソース
…P101

French Dressing
フレンチドレッシング …P100

Garlic Oil
ガーリックオイル
…P100

Guam Sauce
グアムソース（フェナデニ・玉ねぎレモンさっぱりソース）
…P101

Apple Viand Sauce
アップルヴィアンドソース
（リンゴのディップソース）
…P101
Herb Oil
ハーブオイル …P100
Green Onion Oil
ネギ油 …P100

ネギ油

材料

長ネギ（青い部分）…1本
サラダ油　…200cc

深めのフライパンまたは鍋にサラダ油を入れ、弱火で熱する。みじん切りにした長ネギを加えて熱し、ネギが濃い茶色になってきたら火を止める。そのままひと晩置いてから濾しとる。

ガーリックオイル

材料

にんにく　…200g
サラダ油orオリーブオイル　…200cc

にんにくの皮をむき、包丁の腹で叩いてつぶしてから粗くみじん切りにする。フライパンに油を入れ、にんにくを入れて弱火で熱する。油が沸く直前で火を止め、冷ましてから使う。

ハーブオイル

材料

タイム　…1枝
ローズマリー　…1枝
オリーブオイル　…200cc

器にオリーブオイルを入れ、タイム、ローズマリーを加える。そのまま2、3日置いてハーブの香りをオイルに移す。

チャイナ・オイル（ネギ生姜ソース）

材料

長ねぎ（白い部分）　…2本
生姜　…100g
サラダ油　…200cc

フライパンにサラダ油を入れて弱火で熱し、みじん切りにした長ねぎ、生姜を加えて沸く寸前で火を止め、冷ましてから使う。

フレンチドレッシング

材料

A
玉ねぎ　…1コ
にんにく　…2片
米酢　…180cc
白ワインビネガー　…180cc
砂糖　…60g

オリーブオイル　…360cc
塩、こしょう　…適宜

玉ねぎを2cm大に切る。Aの材料をすべてミキサーに入れて攪拌する。そこに少しずつオリーブオイルを加えて混ぜる（一気に混ぜると分離してしまうので注意）。最後に塩、こしょうで味を調える。

シーザードレッシング

材料

フレンチドレッシング[P100参照]　…30cc
マヨネーズ　…大さじ3
パルメザンチーズ　… 適宜

器に材料をすべて入れ、よく混ぜ合わせる。

グアムソース（フェナデニ・玉ねぎレモンさっぱりソース）

材料

玉ねぎ　…200g
醤油　…400cc
米酢　…200cc
レモン　…50g
タカの爪　…適宜

玉ねぎはみじん切り、レモン、タカの爪はスライスする。すべての材料を器に入れて、よく混ぜ合わせる。

Ucky's万能ソース

材料

醤油　…250cc
砂糖　…250g
にんにく　…25g
生姜　…25g

器に醤油と砂糖を入れ、スライスしたにんにくと生姜を加えてよく混ぜ合わせる。

アップルヴィアンドソース（リンゴのディップソース）

材料

リンゴ　…2コ
玉ねぎ　…1コ
にんにく　…2片
米酢　…90cc
醤油　…400cc
みりん　…100cc
生姜汁　…30cc
リンゴジュース　…100cc
こしょう　…適宜

リンゴと玉ねぎ、にんにくはすりおろす。材料をすべて器に入れよく混ぜ合わせる。

Choose your favorite!

ヘルシーなおしゃれスイーツ
Healthy Sweets

毎日の食事に取り入れたい豆類や乳製品、フルーツなどは、料理以外にスイーツとして楽しむのもいいですね。いつものヨーグルトやバナナも、器や盛り付けにちょっと工夫するだけで、まるでカフェのようなおしゃれなデザートに変身です。

お豆のプリン

大豆や赤豆などの豆類は、植物性のたんぱく質、繊維質、ビタミンB_1などを多く含むスーパーフード。茹でたお豆をピューレ状にしてゼラチンでゆるく固めると、ねっとりソフトな口当たりのお豆プリンに。食後の一口デザートにもぴったりです。

材料〔4人分〕

乾燥インゲン豆（もしくは赤豆）　…200g
牛乳　…300cc
砂糖　…20g
粉ゼラチン　…5g
氷水　…40cc
黒蜜　…適宜

作り方

1. 乾燥インゲン豆を鍋に入れ、
   一晩水に浸けて戻しておく。
2. 氷水に粉ゼラチンをつけふやかす。
3. 1を火にかけて豆が柔らかくなるまで茹で、
   ザルにあげておく。
   トッピング用に、豆を数粒残しておく。
4. 別の鍋に牛乳、砂糖を入れ、
   砂糖が溶けるまで火にかけ混ぜ合わせる。
   ※沸騰直前で火を止める
5. 3をミキサーに入れ、熱いうちに4を入れ、滑らかになるまで攪拌する。
6. 5をボウルに入れ、2を加え、湯せんしながら混ぜ合わせ溶かす。
   ※5の液体が温かくないとゼラチンは溶けないので必ず温かくしておくこと
7. 6を器に入れ、冷蔵庫で冷し固める。
   3で残しておいた豆をトッピングし、好みで黒蜜をかけていただく。

エネルギー	タンパク質	脂質	炭水化物	食物繊維	カルシウム	鉄
240kcal	13.5g	4.0g	37.4g	9.7g	148mg	3.0mg

ビタミンA	ビタミンD	ビタミンB_1	ビタミンB_2	ビタミンC	食塩
29μg	0.2μg	0.28mg	0.21mg	1mg	0.1g

フルーツ・ヨーグルトスムージー

ホイップクリームにヨーグルトを合わせて凍らせ、フォークでスクラッチするだけで、ミルキーなくちどけのヨーグルトスムージーが完成。季節のフルーツをたっぷり添えてパフェ感覚で召し上がれ。

材料〔2人分〕

生クリーム　…100cc
グラニュー糖　…20g
ヨーグルト　…100g
お好みのフルーツ　…適宜
ハチミツ、メープルシロップ　…適宜

作り方

1. ボウルに生クリームとグラニュー糖を入れ、
   ハンドミキサーで、ピンとつのが立つぐらい固く泡立てる。
2. 1にヨーグルトを入れて滑らかになるまで
   ゴムベラで混ぜ合わせる。
3. 2を冷凍庫に入れてしっかりと冷やし固める。
4. 3を冷凍庫から取り出し、フォークなどで細かく削る。
5. 器に4を入れ、フルーツを自由に盛りつける。
6. お好みでハチミツやメープルシロップをかけていただく。

エネルギー	タンパク質	脂質	炭水化物	食物繊維
283kcal	5.6g	21.2g	18.4g	0.9g

カルシウム	鉄	ビタミンA	ビタミンD	ビタミンB_1
83mg	0.2mg	22μg	0.0μg	0.03mg

ビタミンB_2	ビタミンC	食塩
0.11mg	20mg	0.4g

FRUITS YOGURT SMOOTHIE

○クレープ生地

〔6人分〕
薄力粉　…85g
粉糖　…15g
塩　…ひとつまみ
卵　…2コ
牛乳　…120cc
バター　…10g

作り方

1. ボウルに薄力粉、塩、粉糖を一緒にふるう。
2. 別のボウルに卵と牛乳を溶き合わせ、
1をダマにならないように少しずつ加えて混ぜ合わせる。
3. バターを手鍋に入れ火にかけ、
香ばしく風味豊かになるまで熱する。
4. 2に3を入れ混ぜ合わせる。
5. テフロン加工のフライパンを中火で熱し、
4を30g程流し込み、均等に丸く広げ、
底面がキレイな焼き色が付いたら、
裏返して、同じように焼き色が付いたら、取り出す。
※テフロン加工のフライパンがなければ
薄くサラダ油を敷いて焼く

○生クリーム

生クリーム　…200cc
グラニュー糖　…20g

作り方

1. ボウルに冷やした生クリームとグラニュー糖を入れ、
柔らかなつのが立つまで、
空気を入れるようにして泡立てる。

○カスタードクリーム

卵黄　…3コ
グラニュー糖　…50g
薄力粉　…20g
牛乳　…250cc
※好みでバニラエッセンス

作り方

1. ボウルに卵黄、グラニュー糖を入れ、
ホイッパーでよく混ぜ合わせる。
2. 1に薄力粉をふるって入れ、混ぜ合わせる。
3. 2に80℃程度に温めた牛乳を入れ、混ぜて合わせてラップする。
600wの電子レンジで下記のように
加熱して混ぜる作業を3回繰り返す。

〔加熱時間と回数〕
加熱2分→混ぜる→加熱2分→混ぜる→加熱1分→混ぜる
※好みでバニラエッセンスなど入れて風味づけしても良い

いちごクレープ

カスタードクリームから手作りする本格派のクレープは、ぜひ子どもたちと一緒に作って楽しみましょう。しっとり滑らかなクレープ生地にいちごと生クリームのコンビネーションは、誰にでも愛される定番のおいしさです。

材料〔2人分〕

いちご　…8コ
クレープ　…2枚
カスタード　…適宜
生クリーム　…適宜
粉糖、ココアパウダー　…適宜
セルフィーユ　…適宜

作り方

1. クレープの真ん中に
カスタードクリーム、いちごをのせ、
ガレットのように四方を
内側に折り込む。
2. 1のいちごの間に生クリームを絞る。
粉糖、ココアパウダー、セルフィーユ
などで飾って仕上げる。

エネルギー	タンパク質	脂質	炭水化物	食物繊維	カルシウム	鉄	ビタミンA	ビタミンD	ビタミンB1	ビタミンB2	ビタミンC	食塩
377kcal	8.6g	22.3g	34.8g	1.0g	114mg	1.1mg	160μg	1.0μg	0.09mg	0.24 mg	25mg	0.5g

STRAWBERRY CRAPE

BANANA & CHOCOLATE CRAPE

丸ごとチョコバナナのクレープ

バナナを丸ごと1本、クレープで巻いてたっぷりの生クリームとカスタードクリームを添えて…バナナと相性のいいチョコレートソースやナッツもトッピングしましょう。ユニークなあしらいで楽しさいっぱいのデザートに。

材料〔2人分〕

バナナ　…2本
クレープ　…2枚
アーモンド　…適宜
カスタード　…適宜
生クリーム　…適宜
チョコレートソース　…適宜

作り方

1. クレープでバナナを巻く。
2. 器に1、カスタードクリーム、生クリームを添え、チョコレートソースをかけ、刻んだアーモンドを散らす。

エネルギー	タンパク質	脂質	炭水化物	食物繊維	カルシウム	鉄
324kcal	8.0g	15.1g	40.2g	1.8g	99mg	1.2mg

ビタミンA	ビタミンD	ビタミンB_1	ビタミンB_2	ビタミンC	食塩
99μg	0.8μg	0.11mg	0.27mg	10mg	0.4g

学生×シェフ×食品メーカーの産学共同開発

アスリートキッズのためのエナジーバー・プロジェクト

With

大阪樟蔭女子大学
学芸学部ライフプランニング学科
フードスタディコース

Energy Bar for kids!

小腹が空いた時のおやつに、運動後の栄養補給に。子どもたちの成長に必要な栄養素がたっぷり含まれたエナジーフードを、学生たちが考案。各々の個性が光るレシピがそろいました。写真はまだ試作品で、浮田シェフや田中愛子教授のアドバイスを受け、さらに改良を重ねてレシピを完成させます。

玄米粉ショートブレッド

クロレラ粉末入りの「抹茶風味」のほか、「シナモン」、「ココア」といった3つの味を楽しめる、焼き菓子タイプのエナジーフードです。
（荒木紗良さん考案）

マシュマロ玄米バー

玄米、きな粉、ごまの食物繊維が豊富に含まれています。“混ぜるだけ”で出来る、手軽なレシピもポイントです。
（山本初華さん考案）

おからチーズバー

ガーリックオニオンやカレー粉をアクセントに効かせた、スナック菓子感覚で食べられるひと品。
（坂本野の子さん考案）

OSAKA SHOIN WOMEN'S UNIVERSITY ATHLETE KIDS ENERGY BAR PROJECT

商品開発に向けてメンバー全員、気合は十分！ 学生たちのパワーと、浮田シェフの経験を融合させることで、新たなアイデアを生み出す「エナジーバープロジェクト」は2018年に発足。

大学と食品メーカーを巻き込んだ新しいプロジェクトが始動

大阪樟蔭女子大学でフードスタディコースを専攻する学生と、食品メーカーを巻き込んでスタートした、コラボレーション・プロジェクト。その第一弾がアスリートキッズのための「エナジーバー」のレシピ考案です。今後、さらに多方面の企業との連携やファミリーイベントの開催など、様々な展開が期待できるプロジェクトです。

メニュー監修：田中愛子・浮田浩明

企画・制作：大阪樟蔭女子大学学芸学部 ライフプランニング学科 フードスタディコース

氏田真里奈
前川琴音
荒木紗良
坂本野の子
南部早希
本田梨沙
箕曲郁
山本初華

指導：中島涼子
梁本愛子

協力：クロレラ工業株式会社／株式会社　図司穀粉

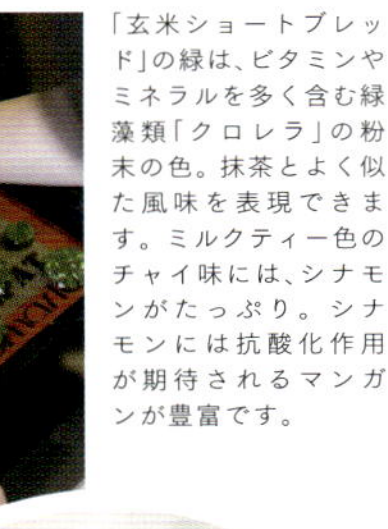

「玄米ショートブレッド」の緑は、ビタミンやミネラルを多く含む緑藻類「クロレラ」の粉末の色。抹茶とよく似た風味を表現できます。ミルクティー色のチャイ味には、シナモンがたっぷり。シナモンには抗酸化作用が期待されるマンガンが豊富です。

「スナック菓子を食べ慣れているキッズにこそ食べてほしい」という発想から生まれた「おからチーズバー」。フライドオニオンやカイエンペッパーなどの素材使いで、パンチの効いた味わいを再現。

図司穀粉の玄米粉を使用し、ホロホロ食感に仕上げています。小さな子どもでも進んで食べられるようと、ココア味を試作。サイズ感にもこだわり、食べやすいひと口大に成形しました。

「食感が物足りないから、ナッツ類をもっと使ったら？」「アクセントに味の強い要素を加えるのはいいけれど、生地そのものの味も大切に」と、浮田シェフと田中愛子教授が学生にアドバイス。活発な雰囲気で、次々と意見が交わされます。

玄米パフや玄米粉、きな粉など、子どもの健康を考えた素材を選択。パンプキンシードは食感や見た目のアクセントに。さらに胡麻やクロレラなど、豊かな香りや独特の風味を持つ素材は、味わいの決め手としても活躍します。

「少量で、お腹にたまるものにしたいな」「お菓子を食べる代わりに、栄養を補充できたらいいよね」など、時にはメンバー同士で相談しながらレシピを作っていきます。

@大阪青山大学 / 大阪青山大学短期大学部

**近年、広がりを見せる大学と地域の連携プロジェクト。
大阪府箕面市にある大阪青山大学・同短期大学部では、
健康科学部 健康栄養学科や短期大学部 調理製菓学科の学生たちを中心に、
地域企業や幼稚園などとのコラボレーションが盛んに行われています。**

Topic 01 ガンバ大阪応援弁当

パートナー契約を結ぶガンバ大阪との連携活動の一環として7年間続いた「GAMBA大阪応援弁当プロジェクト」では、管理栄養士を目指す健康栄養学科の学生たちがオリジナルの観戦弁当を作ってサポーターと一緒にチームを応援。トップチーム選手へのヒアリングをもとに、おいしいだけでなく見た目やコスト、テーマ性や栄養面にも気を配りながら、限られた時間の中でお客様に満足して頂ける商品を作るという企画を展開。管理栄養士としてのプロ意識を育む絶好の経験の場となりました。
2018年度からは、この取り組みをさらに発展させる形で、「GAMBA大阪連携プロジェクト」がスタート。対象学生を全学科に広げ、サービス・ラーニング—学びを活かして地域に貢献する—の実践を主軸に、それぞれの学科の特色を活かした多彩な活動を展開しています。2018年11月にはパナソニックスタジアム 吹田場外にてキックオフイベントを開催し、手作りパンやスープの販売、栄養クイズ大会を実施。いずれの取り組みもサポーターの皆様にご好評頂き、盛況の内に終えることができました。

寒い中を並んでくださったサポーターの方々

この日はあったかいスープを提供

サッカーボールをイメージしたメロンパンは大人気！

Topic 02 幼稚園で食育プログラムを実施!

2019年2 月15日、大阪青山大学短期大学部 調理製菓学科の学生(調理コース 1・2 年次)と教職員が兵庫県川西市の私立平野幼稚園を訪れ、食育プログラム「西洋料理の食べ方体験」を行いました。

幼稚園児を対象に、日頃何気なく使っているナイフやフォークの正しい使い方や、椅子の座り方、パンの食べ方など西洋料理の基本的な作法を知ってもらおうと、長年にわたって実施しているこのプログラム、昨年末にも、大学健康科学部 健康栄養学科の学生が附属青山幼稚園の子どもたちを学内施設「レストランAOYAMA」に招いて実施するなど、恒例のイベントとして親しまれています。

今回は、料理や食器類を幼稚園に運び込んでの実施。4月から小学生となる年長児50名を、園のホールに集めて料理を提供しました。

テーブルセッティングから完璧に!

小さなシェフたちから学生たちにお礼のご挨拶。

フォークとナイフの使い方を
子どもたちに教えます。

メニューは子どもたちの大好きなハンバーグ!
スープに始まり、パンやデザートもついた本格的なコース料理を用意しました。

Profile

[監修] 山田裕司　大阪青山大学短期大学部 教授
管理栄養士 日本未病システム学会認定 未病専門指導師

大和学園京都調理師専門学校・大和学園京都栄養医療専門学校卒業。大津市民病院で栄養関連業務、献立作成、給食調理などを担当。その後レストラン・シェフを経て大和学園京都調理師専門学校、同学園京都栄養医療専門学校講師に。平成11年より大阪青山大学 短期大学部講師に。調理学、調理学実習、食文化演習、フードスペシャリスト論等を担当。平成25年より同短期大学部教授に就任。日本料理専門調理師としてだけでなく、管理栄養士・未病専門指導師の立場からも、日本食と健康について研究。平成23年には日本未病システム学会の近畿地方会開催にあたり、会長として学術研究の会を成功させた。近年では日本食とその文化を海外に発信する活動も積極的に行っている。

大阪青山大学 / 大阪青山大学短期大学部　https://www.osaka-aoyama.ac.jp

FOOD FOR KIDS ATHLETE

CHEF'S PROFILE

浮田 浩明

HIROAKI UKITA

『Franc et élégant』オーナーシェフ
アスリート・フードマイスター
ガンバ大阪「パナソニックスタジアム 吹田」 レストランシェフ

大学卒業後、滋賀県のホテルを皮切りに大阪のフレンチレストランや中国料理レストランで料理を学び、2003年にロアラブッシュ入店。3年間料理長を務め2010年7月に箕面市に『Franc et élégant』(フランエレガン)を開業。Franc(気取らない)中にもélégant(洗練された料理)をコンセプトにオリジナルな発想の料理を提供している。

また、2016年よりガンバ大阪のホームスタジアムであるパナソニックスタジアム吹田においてVIPフロアのシェフを、そして2019年よりガンバ大阪の選手の食事の業務委託を受ける。スポーツのための食事学「アスリート・フードマイスター」としての知識を生かし、アスリートのパフォーマンスにおける食事の重要性についての研鑽を重ねている。近年では大阪府が推奨するV.O.S.メニュー(野菜、油、塩の量に配慮したヘルシーメニュー)の開発も手がける。

浮田シェフが料理の腕をふるう「パナソニックスタジアム 吹田」内にあるレストラン。ピッチを見下ろす絶景のもとで上質な食事が楽しめる空間としてゲストにも評判が高い(一般非公開)。また、パナソニックスタジアム 吹田は優れた建築物を表彰する日本建設業連合会の「第59回BCS賞」(2018年)を受賞している。

大阪府吹田市千里万博公園3-3　http://suitacityfootballstadium.jp

Franc et élégant

SHOP DATA

『Franc et élégant』

〒562-0003 大阪府箕面市西小路2-8-17 MEGUMIビル2F　TEL・FAX／072-725-9552

営業時間／火～日、祝(昼)12:00～15:00(L.O)　(夜)18:00～23:00(L.O)　定休日／不定休

※定休日はウェブサイトfranc-et-elegant.comの営業カレンダーをご確認下さい。

アスリートキッズの未来ごはん

成長期のごはんがアスリートキッズの未来を作る

発行日　2019年5月28日 初版発行

著　者　浮田浩明(うきた ひろあき)
発行者　早嶋 茂
制作者　永瀬 正人
発行所　株式会社 旭屋出版
〒160-0005 東京都新宿区愛住町23－2 ベルックス新宿ビルⅡ 6階
TEL:03-5369-6423(販売部代表) TEL:03-5369-6424(編集部代表)
FAX:03-5369-6431(販売部) FAX:03-5369-6430(編集部)
http://www.asahiya-jp.com

印刷・製本　株式会社シナノ

[制作]
Produce　田中愛子
Photograph　塩崎聰
Design / Illustration　有田真一
Editorial / Table Styling / Text　中山阿津子　茶野真知子　三浦佳子　小森文

[監修]
大阪青山大学短期大学部 教授　山田 裕司

[協力]
大阪樟蔭女子大学 学芸学部 ライフプランニング学科 フードスタディコース
大阪青山大学 / 大阪青山大学短期大学部
株式会社 ガンバ大阪
クロレラ工業株式会社
株式会社 図司穀粉
FCハイロウズ東京
香芝フットサルパーク

郵便振替 00150-1-19572
ISBN978-4-7511-1383-7 C2077